Eve Marie Helm wurde im Oberbergischen Land geboren. Nach dem Abitur und einer Verlagsbuchhändlerlehre war sie unter anderem als Reporterin, Journalistin, Redakteurin und Bibliothekarin tätig. Seit 1980 ist die Autorin verschiedener Bücher freiberuflich als Schriftstellerin tätig. Eve Marie Helm ist Mitglied von International P.E.N., London.

Knaur®

Vollständige Taschenbuchausgabe November 1990

Umschlaggestaltung Adolf Bachmann
Umschlagfoto Alfred Schiller/Artothek
Druck und Bindung Ebner Ulm
Printed in Germany 5 4 3 2 1
ISBN 3-426-02968-5

Eve Marie Helm:
Der Schatz vor unserer Tür

Schatzsagen aus Deutschland

Mit zahlreichen Abbildungen

Zur Taschenbuchausgabe 1990

Der Schatzreisende sollte es gelassen hinnehmen, wenn einer, der in diesem Buch beschriebenen Schätze durch beherzte Schatzgräber oder „amtlich zugelassene Ausgraber" schon gehoben wurde.
In alten Sagenbüchern und in Ortschroniken wird er tausend andere Orte finden, unbekannt oder vergessen, an denen in Vollmondnächten schöne Jungfrauen klagend auf ihre Erlösung warten und dafür reiche Schätze versprechen.
Außerdem kann er jetzt auch wieder in den „anderen Teil Deutschlands" reisen, wo – nach den alten Quellen – noch weit mehr Schätze zu heben sind, als bei uns.

Inhaltsverzeichnis

Zu diesem Buch

Von sechzig Schätzen ist hier die Rede, die überall in Deutschland verborgen sind. Ihre Lage ist uns durch die unzählig vielen Sagen überliefert, die von Gold und Silber berichten, das im Erdreich oder in Mauern oder Brunnen versteckt ist. Ich habe in diesem Buch jene Schatzsagen versammelt, die mit Orten verknüpft sind, an denen sich noch heute die Leute von seltsamen Ereignissen und geheimnisvollen Reichtümern erzählen. Wie der neugierige Leser und der auf Abenteuer erpichte Schatzsucher bemerken wird, enthalten alle Sagen deutliche Hinweise darauf, daß die Kostbarkeiten nach wie vor an diesen Stätten liegen. Ob sie jedoch zu heben sind, ob sich der Bann lösen und der Traum vom sorglosen Leben erfüllen läßt, ist ungewiß.

Jeden der hier angeführten Schatzorte kann man besuchen, auch einen so ungewöhnlichen wie die Müllhalde in Ansbach. Viele Schauplätze sind bekannt, andere findet man erst nach intensiver Suche. Man wird auf eine ganze Reihe touristischer Sehenswürdigkeiten stoßen, aber auch auf viele verfallene und vergessene Burgen und Ringwälle in nur selten begangenen Landschaften.

Die Geschichten, in denen wir erfahren, warum so viele Menschen in früheren Zeiten ihre Wertsachen versteckt haben, sind ein Teil unserer Vergangenheit und bringen uns eine Zeit näher, in der das Erzählen einen großen Raum im täglichen Leben eingenommen hat. Ich habe diese Geschichten in der Sprache unserer Tage wiedererzählt, ohne ihren Inhalt zu verändern. Beim Schreiben wurden die Sagen für mich lebendig und aufregend – und ich hoffe, dem Leser ein wenig von dieser Faszination zu vermitteln.

Wer allerdings jetzt mit Schippe und Familie losziehen und einen Schatz heben will, sei gewarnt. Wilde Schatzgräberei ist bei uns nicht erlaubt, und wer sich nicht an das Gesetz hält, muß mit empfindlichen Strafen rechnen. Es sei denn, der Schatzheber der Gegenwart hat eine schriftliche Erlaubnis des für den betreffenden Schatzort zuständigen Landesdenkmalschutzamtes in der Tasche. Doch um diese zu bekommen, müßte er schon mit allen Schatzteufeln im Bunde sein.

Gleichwohl: Es ist genauso schön, die Schatzorte einfach aufzusuchen. Poetische Gemüter können sich vorstellen, daß im nächsten Augenblick eine schöne Frau erscheint und flehentlich um Erlösung bittet. Und bestimmt ist es auch spannend, sich mit der Geographie und der Geschichte des Schatzortes zu beschäftigen.

Ich danke den Gemeinden, die mir das Material über die Schatzorte zur Verfügung gestellt haben, und wünsche allen Lesern viel Spaß bei ihrer Forschungsreise.

Eve Marie Helm

Über das Schatzgraben im allgemeinen und im besonderen

Obwohl immer wieder Münzen und andere Schätze gefunden werden, wie zum Beispiel 1979 in Biberach, wo städtische Arbeiter bei Bodensondierungen auf dem Kirchplatz Goldmünzen aus den Jahren 1527, 1600 und 1619 ausgruben, ist es heutzutage nicht mehr üblich, nach vergrabenen Kostbarkeiten zu suchen.
Dabei berichten unzählige Sagen von Schätzen, die überall in Deutschland unter der Erde liegen.
Zum Beispiel hinter dem alten Schulplatz in Westerrönfeld in Schleswig-Holstein. Dort soll dicht am Kanal ein Sandberg sein, in dem ein Ritter schläft. Alle hundert Jahre sitzt er in goldener Rüstung auf einem schwarzen Pferd und schaut von dem Hügel hinab nach allen Seiten. Wer ihn sieht und anredet, hat ihn erlöst und erhält einen Schatz.
Oder im Deilbachtal. Dort sollen 1848/49, als die Stadt Elberfeld gestürmt wurde, die reichen Bürger säckeweise ihr Geld vergraben haben.
Oder beim Sieflingerhof in der Nähe von Rosenheim. Dort ist auf dem Schloßberg ein tiefer Brunnen, in dem eine goldene Sau steckt.
Ob es nun goldene Wiegen und Schiffe sind, die im Norden Deutschlands unter Dünen und Hügeln liegen, oder goldene Spinnräder und Kegelspiele im Süden, alle

Schätze sind den Sagen nach meistens dort vergraben, wo Reste alter Kulturen an frühere Zeiten erinnern: unter Burgbergen, in Ruinen von Kirchen und Klöstern, verschütteten Siedlungen, alten Gräbern und dergleichen Orten.

Obwohl man die Inhalte dieser Sagen sehr skeptisch betrachten muß, sind ihre Hintergründe doch recht real. Viele Jahrhunderte war es Brauch, den Toten Geld mit ins Grab zu geben. Wikingerfürsten durften sogar mit kostbaren Schiffen ins Jenseits segeln. Und schließlich haben die Geschichtswirren im Lauf der Jahrhunderte häufig zum Vergraben von Kostbarkeiten geführt. Zum Beispiel in der Pfalz, in der oft kriegerische Auseinandersetzungen stattfanden, oder in Gegenden, in denen der Dreißigjährige Krieg besonders heftig wütete.

Burgen und Klöster wurden verwüstet und zerstört, und die Mauern stürzten zusammen, ehe die Wertsachen gerettet werden konnten. Oder das Geld wurde aus Angst vor dem Feind in Verliesen und Erdlöchern vergraben oder auch einfach in einen tiefen Brunnen geworfen.

Seit der Zeit, zu der das Gold zum Mittelpunkt menschlichen Interesses wurde, haben sich die Sagen von verborgenen Schätzen im Volk verbreitet. Und immer wieder haben Schatzgräber versucht, diese Schätze aufzuspüren und zu heben.

Nachdem einst die prunkvolle Ausstattung der germanischen Hügelgräber die Plünderer angezogen hatte, gab das ausgehende Mittelalter andere Impulse. In dieser Periode unserer Geschichte, in der man nach dem »Stein des Weisen« suchte, mit dem man aus Steinen Gold machen wollte, in der Paracelsus und Doktor Faust lebten, versuchte der Mensch seine Kräfte mit dem Übernatürlichen zu messen. Geister, Teufel und Schätze wurden durch magische Beschwörungen und alchimistische Künste dazu gebracht, dem Willen des Menschen zu gehorchen. Lange standen die »Venediger« oder »Venetianer« im Ruf besonders großen zauberischen Könnens. In Venedig war des »Teufels Lehrstuhl in der Magie«, wo unter anderem auch Vorlesungen über das Schatzheben gehalten wurden. Venediger oder, wie man sie auch nannte, Welsche oder Walen stellten die Wege, die zu Schätzen führten, in den sogenannten Walenbüchlein zusammen. Andere Geheimbücher, von Hand geschrieben, enthielten ebenfalls Anweisungen für das Aufspüren und Heben von Schätzen und spielten bei den Prozessen gegen Zauberer und Hexen eine wichtige Rolle.

Als immer öfter Schatzgräber bei tollkühnen Unternehmungen ums Leben kamen, als überall gegraben wurde, wo man einen Schatz vermutete, verboten die Behörden zeitweilig die Schatzsuche. Es kam nicht selten vor, daß ein Grundstück nur deshalb gekauft wurde, weil dort angeblich ein Schatz verborgen war.

Da zu den meisten Schatzgräbereien im 17. und 18. Jahrhundert die mündlich oder schriftlich überlieferte Sage herangezogen wurde, wundert es nicht, daß viele Schatzsuchen vergeblich waren. Denn die Sage nimmt es mit den geographischen Angaben nicht so genau. Sie taucht an verschiedenen Orten in verschiedenen Variationen auf, und jeder in der Landschaft hervorstechende Punkt zieht wie ein Magnet die Mythen an.

Wer also die Volkssagen als Grundlage für Ausgrabungen benutzt, wird wenig Glück haben. Sorgfältige historische und geographische Untersuchungen sind für eine Schatzhebung die einzig erfolgversprechende Methode.

Was man tun muß, um einen Schatz zu bekommen

Dem Volksglauben nach können Schätze überall vergraben sein: wo das Gras üppiger wächst, aber auch wo es dahinkümmert oder Hexenringe stehen. Wo der Schnee sofort schmilzt und morgens kein Tau liegt. Wo eine Sternschnuppe hinfällt oder der Regenbogen die Erde berührt.

Erfolglose Schatzgräber haben ihre Mißerfolge durch abenteuerliche Ausschmückungen aufgewertet. Die Gefahren, denen ein Schatzsucher ausgesetzt ist, sind nach den Erzählungen so ungeheuerlich und grauenhaft und die Anforderungen so unmenschlich, ja unerfüllbar, daß es fast unmöglich ist, einen Schatz zu gewinnen.

Es fängt schon damit an, daß nicht jeder einfach kommen und einen Schatz heben kann. Der Schatzgräber muß entweder ein Sonntagskind oder an einem bestimmten Tag unter einem bestimmten Stern geboren sein. Reine, sündenfreie Menschen, unschuldige Kinder und Jungfrauen, keusche Junggesellen, katholische Geistliche (besonders Franziskaner und Jesuiten) gelten als gute Schatzgräber. Manchmal genügt es allerdings auch, eine solche Person zum Schatzgraben mitzubringen. Ebenfalls erfolgreich sollen Zauberer und Studenten sein, worunter man früher Leute verstand, die in geheimen Wissenschaften bewandert waren. Außerdem Kinder, die in der Christnacht geboren sind, und Leute, die mit einem Erd- oder Bergspiegel unter die Erdoberfläche sehen können. Kundige Schatzgräber wurden früher von weither geholt und gut bezahlt, denn das Schatzgraben mit seinen komplizierten Vorbereitungen und Regeln war und ist eine Arbeit für Perfektionisten.

Um festzustellen, wo ein Schatz liegt, benutzen professionelle Schatzgräber eine Wünschelrute oder einen Erdspiegel. Doch auch jemand, der über diese zauberkräftigen Werkzeuge nicht verfügt, kann die Lage eines Schatzes herausfinden. Wer sich zum Beispiel in der Weihnachtsnacht oder in der Matthiasnacht (24. 2.) zur Mitternachtsstunde auf einen Kreuzweg stellt und dort lautlos bis ein Uhr ausharrt, ganz gleich, was passiert, erhält vom Teufel entweder sofort Geld oder aber eine Stelle bezeichnet, an der ein Schatz liegt.

Auch eine einfachere Methode soll erfolgversprechend sein. Man siedet Garn in einer Mischung aus Weihrauch, Schwefel und frischem Wachs, macht daraus ein Licht und leuchtet damit an jeden schatzverdächtigen Ort. An der Stelle, an der das Licht plötzlich verlischt, ist Geld vergraben oder ein reicher Erzgang durch Zauber verschlossen.

Glückskinder können sich auch Farnsamen beschaffen, der nur einmal im Jahr, in der Johannisnacht, zu finden ist. Damit sehen sie alle Schätze der Welt als blaue Flämmchen glühen.

Modernes Holz, flimmerndes Sonnenlicht, Irrlichter, Glühwürmchen oder andere natürliche Lichterscheinungen täuschen oft einen Schatz vor, wo gar keiner ist.

In den allermeisten Fällen erfährt man die Lage eines Schatzes durch die persönlichen Angaben eines verwünschten Burgfräuleins, das gerne erlöst werden möchte.

Weiß man, wo der Schatz liegt, muß man das für seine Hebung richtige Datum herausfinden. Dazu wurden früher eigens zusammengestellte Kalender zu Rate gezogen. Ihnen zufolge kann die Christnacht günstig sein, die Johannisnacht (24. 6.), Silvester, Bartholomäus (24. 8.) oder Laurentius (10. 8.)

An diesen Tagen sind die Schätze unbewacht, das heißt,

der schwarze Hund und die feuerspeiende Schlange haben ihren Platz verlassen oder schlafen. Auch die Walpurgisnacht (30. 4.) und der Matthiastag (24. 2.), die Nacht von Ostersamstag auf Ostersonntag und Allerseelen sollen gute Termine für eine Schatzhebung sein. In der Johannisnacht tanzen Flämmchen über den Schätzen. Am Longinustag (15. 3.) sonnen sich die Schätze und glänzen auf dem Feld. Am Palmsonntag und am Karfreitag, wenn in der Kirche die Passion gesungen wird, öffnen sich für kurze Zeit die Berge, so daß man ungehindert an die Schätze heran kann. Wer aber den Berg nicht rechtzeitig verläßt, bleibt darin gefangen.

Das Einhalten einer bestimmten Zeitspanne ist einer der kritischsten Punkte bei der Schatzhebung, weil es hier um eigenes Versagen geht. Meistens hat man nur eine Stunde zur Verfügung, und wer beim Goldraffen die Zeit vergißt, kann den Ort nicht mehr verlassen und muß den Geistern Gesellschaft leisten.

Sind der Lageplatz des Schatzes und der günstigste Zeitpunkt für seine Hebung ermittelt, fangen die eigentlichen Schwierigkeiten erst an. Denn kein Schatz ist ohne Hüter. Meistens bewacht der Teufel ihn höchstpersönlich. Da ihm am Jüngsten Tag alle noch nicht gehobenen Schätze zufallen, versucht er mit den ihm zur Verfügung stehenden Mitteln die Schatzhebung zu vereiteln. Er erscheint in furchterregender menschlicher Gestalt oder als wildes feuerspeiendes Tier. Er baut einen Galgen auf und tut so, als wolle er den Schatzgräber daran aufhängen. Er läßt Mühlsteine an seidenen Fäden über dem Schatzgräber schweben. Hilft das alles nichts, scheut er selbst vor tätlichen Angriffen nicht zurück und verteilt Ohrfeigen oder Schlimmeres. Immer fällt ihm etwas ein, womit er die Schatzgräber in Angst und Schrecken versetzen kann.

Und fast niemand macht sich in diesen entsetzlichen, lebensbedrohenden Augenblicken klar, daß alles nur teuflisches Blendwerk ist. Der Teufel gewinnt immer. Er gibt nicht eher nach, bis der Schatzgräber in panischer Angst aus dem schützenden magischen Kreis herausläuft oder mit einem Schreckensschrei das auferlegte Schweigen bricht. Dann versinkt der oft schon zum Greifen nahe Schatz wieder in unerreichbare Tiefen, und der Schatzgräber kann froh sein, wenn er mit dem Leben davonkommt.

Als das Christentum sich verbreitete, wurden den Toten keine Schätze mehr ins Grab gegeben, und es galt als Sünde, Schätze zu vergraben. Deshalb müssen so viele Geister ihr Geld bewachen. Sie büßen für diese Sünde, und erst wenn sie jemand erlöst, können sie die ewige Ruhe genießen.

Besonders häufig hütet eine weiße Jungfrau den Schatz. Ihre Erlösung ist von der glücklichen Hebung der Kostbarkeiten abhängig. Doch bis heute hat es niemand fertiggebracht, die dafür notwendigen Zeremonien erfolgreich zu beenden. Entweder flohen die Schatzgräber vorher, oder sie schrien entsetzt auf, wenn so ein armes Mädchen plötzlich in einer furchterregenden Gestalt vor ihnen stand.

Die Fähigkeit zu schweigen ist eine entscheidende Voraussetzung für das Schatzheben. Selbst Niesen oder Lachen vereitelt den Erfolg. Auch hier treibt der Teufel sein Spiel. Ihm ist alles recht, selbst der größte Klamauk, wenn er damit den Schatzgräber zum Reden, Schreien oder Lachen bringen kann.

Zu allen Zeiten haben Schatzgräber versucht, ihre Unternehmungen durch besondere Sicherheitsmaßnahmen weniger gefährlich zu machen. Magische Kreise und Zeichen, Zauberformeln und Beschwörungen sollten vor dem Zugriff der bösen Mächte schützen.

Durch Fasten, Beten, Enthaltsamkeit und Schweigen bereitet man sich vor. Mit Zirkel, Zeichen und Wünschelruten ruft man den Geist. Man liest Kapitel aus dem 6. und 7. Buch Mose, das erste Kapitel Johannis, zitiert den 91. Psalm und betet das Christophelsgebet vorwärts und rückwärts. Gegen böse Geister schützt man sich mit geweihten Lichtern, Monstranzen und Weihrauch.
Der Aufwand ist oft vergeblich. Denn es ist fast unmöglich, an all das zu denken, was bei der Schatzsuche zu beachten ist. Etwas vergißt man immer. Dafür sorgen schon die Geister und Teufel. Selbst die berühmte Blume, die die Türen zu den Schatzkammern öffnet, hilft nur, das Gold aufzuspüren. Wenn man sie im Berg liegenläßt – und das haben scheinbar bisher alle Schatzgräber in ihrer Gier nach Gold getan –, ist der Schatz weg, sogar wenn man ihn schon in Taschen und Säcke gepackt hat.
Auch der Schatz selbst verhält sich oft außerordentlich tückisch. Mal liegt er tief im Boden, mal fast an der Oberfläche. Er zeigt sich als Pferdeapfel, glühende Kohle, Laub, Knochen, Weizenkörner, Hafergrütze, Sand, Bohnen, Schneckenhäuser und ähnlich wertloses Zeug, in dem niemand Reichtum vermutet. Was für ein Ärger, wenn man den Unrat liegengelassen oder weggeworfen hat und ein hängengebliebenes Blättchen in der Tasche oder ein in den Schuh gefallenes Weizenkorn sich später in Gold verwandelt! Auch was man von den Schatzhütern geschenkt bekommt, sollte man nie verschmähen, so unnütz es einem auch erscheinen mag. Es wird immer Gold daraus.
Wer ein Licht oder ein Feuer sieht, das möglicherweise einen Schatz anzeigt, darf sich nicht vom Teufel verblenden lassen. Er muß den Schatz bannen, indem er schnell etwas darauf wirft, was diesen in seiner wirklichen

Gestalt sichtbar werden läßt: etwas Geweihtes, einen Rosenkranz oder ein Gebetbuch; etwas Eisernes, ein Messer, eine Hacke oder einen Löffel; etwas von der Kleidung, die man auf dem Leibe trägt, einen Schuh oder ein Tuch. Lieber sollte man einen Schuh zuviel in ein merkwürdig aussehendes Feuer auf dem Feld werfen, als möglicherweise auf einen sagenhaften Schatz verzichten! Das gleiche gilt für seltsame Anhäufungen scheinbar wertloser Dinge.

Selbst wenn man das unwahrscheinliche Glück hat, einen Schatz zu heben, ist man gegen das damit verbundene Übel nicht gefeit. Denn man stirbt innerhalb eines Jahres, wenn man das bei der Schatzsuche gegrabene Loch hinterher nicht wieder sorgfältig zuschüttet.

Wem das alles zu schwierig erscheint, der sollte die blauen Flämmchen tanzen und die unerlösten Jungfrauen weinen lassen und sich handfesterer Schatzsuche zuwenden. Etwa der Schatzjagd, wie manche Engländer sie betreiben, die mit staubsaugerartigen Metallsonden die Strände nach Eheringen und Urlauberuhren vom vergangenen Jahr absuchen.

Finden kann man Schätze überall: auf Picknickplätzen unter alten Bäumen, an grasbewachsenen Abhängen, wo sich die Liebespaare treffen, an der Gezeitenseite von Küstenbuhnen. In Flüssen, Bächen und trockengelegten Dorfweihern, auf Müllhalden und in den Ritzen zwischen den Scheuerleisten und den Dielen alter Häuser (vor allem an der Haustür, wo oft mit Kleingeld bezahlt wurde). Unter den Fußballtribünen und im Gully vor dem Supermarkt.

Wer sich aber trotz allen Widrigkeiten nicht abhalten lassen will, mit der Erlaubnis des Denkmalschutzamtes in der Tasche (ohne die gar nichts geht, d. h. gestattet ist) doch eine verzauberte Jungfrau zu erlösen und dafür von ihr einen Schatz zu bekommen, für den soll die auf den folgenden Seiten beschriebene korrekte Beschaffung einer Wünschelrute und eines Erdspiegels eine kleine Hilfe sein.

Die Wünschelrute und der Erdspiegel

Wie man eine Wünschelrute bricht

Die beste Wünschelrute erhält man vom Haselstrauch. An ihm sucht man eine einjährige Gerte, die gabelförmig in zwei Zweige ausläuft. Die beiden Zweige müssen gleich lang sein und so sitzen, daß die Mittagssonne gerade hindurchscheint.

Damit sie wirklich für das Schatzsuchen geeignet ist, muß die Wünschelrute gebrochen werden, wenn die Sonne im Löwen geht, am Tage des Planeten, unter dem das Metall steht, das man suchen will. Also für Gold am Sonntag, für Silber am Montag. Sie soll morgens noch vor Sonnenaufgang gebrochen werden, weil sich die Zauberkraft des Baumes während der Nacht bis in die äußersten Spitzen der Reiser ausbreitet. Am Tag wird diese Kraft durch die Sonne gemindert und zurückgetrieben.

Man muß die Wünschelrute mit einem einzigen schnellen Ruck abreißen, denn in dem Augenblick, in dem der Baum die Verletzung spürt, ruft er die Zauberkraft aus den kleineren Zweigen zurück. Eine angebrochene Rute ist deshalb praktisch wertlos.

Der Zweig muß mit der Hand gebrochen werden, weil nur die Wärme der Hände seine Zauberkraft erhält und verstärkt. Schneidet man ihn mit dem Messer, so wird die Wirkung der Rute durch das Gestirn, mit dem das Eisen verbunden ist, zerstört. Nicht alle Menschen können mit

der Wünschelrute Schätze finden. Bei manchen arbeitet die Rute gar nicht, bei anderen schlägt sie nur auf bestimmte Metalle an.
Die Goldsucher müssen solarische, die Silbersucher lunarische Kinder sein.
Am wirksamsten ist die Wünschelrute, wenn sie getauft wird und einen Namen erhält. Um das zu erreichen, steckt man sie einem Kind vor der Taufe so in die Windeln, daß der Pfarrer sie nicht sieht. Wird sie nun mit dem Kind getauft, so erhält sie auch dessen Namen.
Manche prüfen die Zauberkraft einer Wünschelrute, indem sie sie ins Wasser halten. Keucht oder japst sie wie ein Schwein, wird sie ihre Aufgabe erfüllen.

Was man beim Brechen einer Wünschelrute sagt

»Du Rute, ich mache dich im Namen Gott des Vaters, Gott des Sohnes und des Heiligen Geistes, Amen! Daß du mir anzeigest, um was ich dich fragen werde, und mir gehorsam seiest, wo Gold, Silber oder Edelsteine vergraben oder im Meer versenkt liegen und wie weit in der Runde. Ich beschwöre dich, daß du mir anzeigest, so wahr als Gottvater Himmel und Erde aus Nichts erschaffen hat und so wahr Maria nur einen Sohn geboren hat, so wahr als Jesus Christus für uns am Kreuz gestorben und uns mit seinem Blut erlöst hat, so wahr als Johannes Jesum im Jordan getauft hat, daß du mir anzeigest, um was ich dich fragen werde. Du Rute, ich beschwöre dich, daß du mir pünktlich anzeigest, wo Schätze in Mauern oder in der Erde vergraben liegen, so wahr Gott Sonne und Mond und alles, was auf Erden ist, erschaffen hat, daß du mir die rechte Wahrheit anzeigest.«

Oder:
»Ich schneide dich, liebe Ruten,
daß du mir mußt sagen,
um was ich dich tu fragen,
und dich so lang nit rühren,
bis du die Wahrheit tust spüren.«

Wie man eine Wünschelrute richtig gebraucht

Hat man nun eine brauchbare Wünschelrute, so nimmt man zwischen Ring- und Mittelfinger jeder Hand einen Gabelzweig, hält beide Hände vor die Brust, den Stiel der Gabel voraus, und beobachtet den Stiel. Kommt man an eine Stelle, wo ein Schatz liegt, so beginnt der Stiel sich heftig auf und nieder zu bewegen.
Oder:
Man zeichnet mit der Wünschelrute einen Kreis um das Gebiet, in dem man einen Schatz vermutet, und besteckt ihn mit kleinen Pflöcken. Kommen nun zwei Vögel und beißen sich darin an einer bestimmten Stelle, so heißt das, daß dort der Schatz liegt.

Wie man einen Erdspiegel herstellt, mit dem man verborgene Schätze, Diebe und Hexen erkennen kann, beschreibt Christian L. Wucke folgendermaßen: »Um einen Erdspiegel zu erhalten, muß man einen kleinen Schiebespiegel kaufen, ohne zu feilschen, dann nachts um elf Uhr nackt über die Kirchhofmauer springen und ein Loch in das Grab einer am Karfreitag begrabenen Wöchnerin machen. In dieses Loch steckt man den Spiegel, das Glas nach unten, und entfernt sich dann im Namen Gottes, rückwärtsgehend, die Augen auf das Grab geheftet. In der dritten Nacht zieht man –wieder nackt – den Spiegel in Dreiteufelsnamen heraus, drückt ihn fest an den Leib, geht rückwärts weg, ohne sich durch die Mißhandlungen des Teufels beirren zu lassen, und springt wieder über die Kirchhofmauer.«

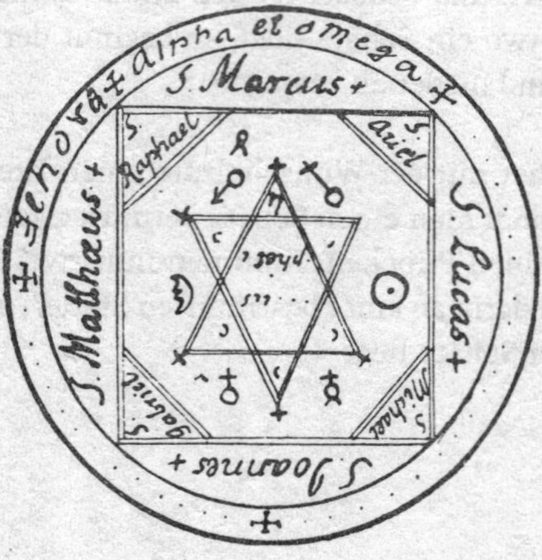

Odenwälder Erdspiegel (Hessen, Anfang 17. Jahrhundert). In einer runden Dose liegt unter Glas eine Papierscheibe mit Zauberformeln.

Zwischen Kieler Bucht und Wesermündung

Vergiß das Beste nicht!

Die verzauberten Möwen auf der Möweninsel

Bei Schleswig liegt in der Schlei eine kleine Insel, auf der im 12. und 13. Jahrhundert die herzogliche Juriansburg stand. Diese Insel war damals durch eine Brücke mit der Stadt verbunden. Nachdem die Burg zerstört war, wurde die Insel zum Brutplatz von vielen tausend Lachmöwen, die jedes Jahr dort ab Mitte März nisten. Deshalb heißt sie heute Möweninsel. Bis zum Jahr 1867 fand hier jedes Jahr ein Volksfest statt, das »Möwenschießen«. Einen ganzen Tag lang durfte man die Vögel von Booten aus abschießen und die Jungen aus den Nestern nehmen. Ein Fischer, der Möwenkönig genannt wurde, hatte vorher darauf zu achten, daß die Möwen beim Brüten nicht gestört wurden. Es sollten so viele wie möglich am Festtag zur Verfügung stehen. Die wenigen Möwen, die das Massaker überlebten, flogen fort, aber im darauffolgenden Frühjahr bezogen sie wieder die Nistplätze.

Die Sage behauptet, diese Möwen, die es immer wieder zur Möweninsel zurückzieht, seien König Abels Mannen. Sie müssen dafür büßen, daß sie ihrem Herrn bei der Ermordung seines Bruders Erich geholfen haben. Sorgt einmal kein Möwenkönig für ihre Ruhe beim Brüten, brauchen sie sieben Jahre lang nicht auf die Insel zurückzukehren. Das soll Anfang des 18. Jahrhunderts in einem bösen Kriegsjahr einmal der Fall gewesen sein. Aber erst wenn es

Blick vom Dom St. Petri in Schleswig auf die Möweninsel

dreimal sieben Jahre keinen Möwenkönig gibt, sind die verzauberten Möwen ganz von ihrem Fluch befreit.
Seit dem 17. Juli 1867 ist das Schicksal der Möwen etwas leichter geworden. Denn an jenem Tag um zwölf Uhr fiel der letzte Schuß auf der Möweninsel. Möwenkönig wird heute der Pächter der Insel genannt. Die Möwen werden nicht mehr sinnlos erschossen. Ihre Eier, die als Delikatesse gelten, werden eingesammelt. Doch der Möwenkönig sorgt wie in alten Zeiten dafür, daß die Möwen in Ruhe brüten können.

Unter dem vom Vogelmist weißgesprenkelten Gras des Möwenbergs auf der Insel sollen verfallene Keller sein, in denen die Schätze des versunkenen Schlosses liegen. Ab und zu zeigen Lichter und Flämmchen den Standort dieser Schätze an, was schon viele Schatzgräber ihr Glück versuchen ließ. Doch gefunden hat bis heute noch keiner etwas.

Es gibt nur einen einzigen Bericht über das, was sich von Zeit zu Zeit auf der Möweninsel abspielt. Er stammt von einem Mann aus Schleswig, der sich einmal nachts an der Schlei aufhielt und auf dem Möwenberg ein strahlendes Licht sah. Neugierig folgte er dem Schein und bemerkte dabei gar nicht, daß er über das Wasser ging, als ob es Eis wäre. Auf der Möweninsel stand zu seiner Überraschung ein wunderbares Schloß. Das helle Licht kam von einer gelben Blume, die im Schloßhof wuchs. Als er sie pflückte und an die verschlossenen Türen des Palastes hielt, sprangen die Schlösser auf.

Er ging langsam durch die Zimmer und betrachtete alles genau, ohne etwas an sich zu nehmen. Als er aber im letzten Saal einen mit leckeren Speisen gedeckten Tisch vorfand, setzte er sich hin und langte zu, denn er war vom langen Herumlaufen hungrig und durstig geworden. Satt und zufrieden stand er auf, um sich auf den Heimweg zu machen. In diesem Moment rief eine Stimme: »Vergiß das Beste nicht!«

Der Mann schaute sich um. Niemand war zu sehen. Er glaubte, man habe ihn aufgefordert, etwas zum Andenken mitzunehmen, und freute sich darüber. Er überlegte, was das Beste sein könnte. Am meisten gefiel ihm ein schön gearbeiteter silberner Becher, der auf dem Tisch stand. Er griff danach und hörte zum zweitenmal die Aufforderung: »Vergiß das Beste nicht!«

Entschlossen nahm er den Becher vom Tisch und ging zur Tür. Zum drittenmal rief es: »Vergiß das Beste nicht!«
Das verwirrte den Mann. Er sah sich noch einmal gründlich um. Da er aber wirklich nichts fand, das schöner war als der Becher, steckte er ihn ein und ging wieder trockenen Fußes über die Schlei zur Stadt. Als er schließlich auf festem Boden stand, blickte er zurück. Das Schloß war verschwunden. Es erschien ihm nie wieder, und auch mit dem Wasserwandeln war es vorbei.
Der Becher soll nach Gottorf in die Silberkammer gekommen sein, wo ihn alte Leute noch gesehen haben. Später wurde er dann nach Kopenhagen gebracht.
Man sagt, die gelbe Blume blühe alle hundert Jahre auf der Möweninsel. Wer aber keine hundert Jahre warten will, für den gibt es noch eine andere Möglichkeit, in das verwunschene Schloß zu kommen und die Schätze zu heben:
Ein keuscher Jüngling und ein braver Ehemann müssen zusammen durch den unterirdischen Gang gehen, der der Sage nach von Graf Moltkes Haus am Herrenstall in den Möwenberg führt. Wenn sie im Berg alle Aufgaben erfüllen, die ihnen gestellt werden, steigt das Schloß auf der Möweninsel wieder empor und versinkt nie mehr.
Sicher wird es nicht schwer sein, entsprechende Männer zu finden. Aber wo der unterirdische Gang ist, weiß heute niemand mehr.

Die Schätze im Oldenburger Wall

Mitten in der Stadt Oldenburg in Holstein liegt auf einer flachen Moränenkuppe der Oldenburger Wall. Er soll um das 8. Jahrhundert herum errichtet worden sein und zwischen dem 10. und 12. Jahrhundert den slawischen Wagriern als Fürstensitz gedient haben. Später stand in der Wallanlage eine Burg, von der 1597 noch Ruinen vorhanden waren.

Heute ist das Gelände in zahlreiche Parzellen aufgeteilt, und die alte Wallanlage ist unter Kleingärten und Wohnhäusern verschwunden.

Noch vor wenigen Jahrzehnten war in Oldenburg allgemein bekannt, daß unter dem Wall Schätze verborgen sind. Der Sage nach werden sie von einem unsichtbaren Geist bewacht, der alle hundert Jahre drei Nächte lang mit einer Schubkarre in den Straßen herumfährt. Wer ihn anspricht und erlöst, soll von ihm sagenhafte Schätze bekommen.

Ein Mann, der in einem Haus vor dem Burgtor wohnte, soll die Gelegenheit dazu gehabt haben. Als er einmal spätnachts nach Hause ging, hörte er hinter sich eine Schubkarre rattern. Verwundert schaute er sich nach dem Nachbarn um, der um diese Zeit noch arbeitete. Doch da war keine Menschenseele. Das Geräusch der rollenden Schubkarre kam näher und näher. Ganz kalt vor Schreck

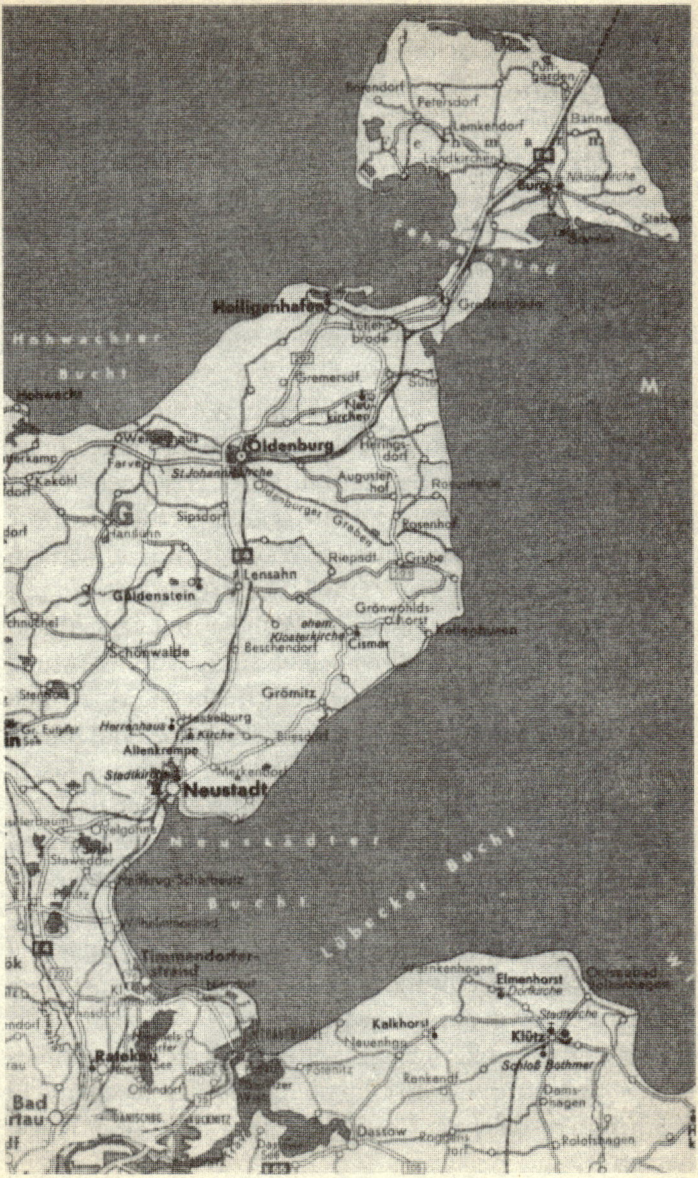

Petersdorf
Lenkendorf
Burg
Nikolaikirche
Heiligenhafen
Gremersdorf
Neukirchen
Oldenburg
Augustenhof
Oldenburger Graben
Rosenhof
Sipsdorf
Riepsdorf
Grube
Lensahn
Güldenstein
Grönwohlds-Horst
Kellenhusen
ehem. Klosterkirche
Cismar
Beschendorf
Schönwalde
Grömitz
Herrenhaus
Kirche
Altenkrempe
Stadtkirche
Neustadt
Neustädter Bucht
Lübecker Bucht
Timmendorfer-strand
Elmenhorst
Dorfkirche
Stadtkirche
Kalkhorst
Klütz
Schloß Bothmer
Ratekau
Bad
Dassow

lief der Mann in sein Haus. Kaum hatte er die Tür hinter sich zugeworfen, ratterte auch schon die Schubkarre um die Ecke. Obwohl der Mann ahnte, daß der unsichtbare Karrenschieber der Geist vom Wall war, hatte er nicht den Mut, ihn anzusprechen. Auch in der nächsten und übernächsten Nacht schob der Geist seine Karre unermüdlich um das Haus herum. Er stöhnte und seufzte dabei erbärmlich. Der Mann lauschte zitternd hinter seiner Tür, wagte aber nicht, hinauszugehen und mit dem Geist zu reden. Später hat er seine Feigheit bereut, die ihn daran gehindert hat, reich zu werden.

Einige Wandelwitzer Bauern erzählten von einer ungewöhnlichen Vorführung der Schätze, die im Oldenburger Wall liegen. Die Männer hatten in der Nähe des Walles gepflügt und packten um die Mittagszeit gerade ihre Brote aus, als sich auf dem runden Wall ein mit silbernem Tafelzeug gedeckter Tisch erhob. Die Bauern starrten mit großen Augen auf das blitzende Wunder und verschluckten sich fast an dem Bissen, den sie gerade im Mund hatten. Ein junger Pflugtreiber, ein frecher Kerl, schlich sich weg, kletterte von der anderen Seite den Wall hinauf und nahm unbemerkt einen silbernen Becher vom Tisch. Als es ein Uhr schlug und der Tisch immer noch dastand, wußten die Bauern, daß jemand etwas weggenommen haben mußte. Sie fanden schnell heraus, daß der Junge den Becher hatte, und zwangen ihn, das silberne Kleinod zurückzubringen. Kaum stand der Becher wieder auf seinem Platz, verschwand die Tafel mit all dem kostbaren Geschirr und wurde nie wieder gesehen.

Außer dem Schubkarrengeist sollen noch die alten heidnischen Wagrierfürsten im Oldenburger Wall hausen und in bestimmten Nächten in wilder Jagd über die Hügel hetzen.

Eine Frau zum Beispiel vernahm wundersame Musik, als sie nachts aus der Sandgrube am Wall Sand holen wollte. Erst ganz von fern, dann aus immer größerer Nähe. Gleichzeitig hörte sie Pferdegetrappel und viele harte Schritte, als ob ein großes Heer unsichtbar vorüberziehen würde. Voller Angst ließ die Frau ihre Schaufel fallen und lief nach Hause. Als sie sie gegen Morgen holte, war von dem Spuk nichts mehr zu sehen und zu hören.

Die Frau erzählte ihr Erlebnis am anderen Tag den Nachbarn und erfuhr, daß vielen schon ähnliches widerfahren war. Manche hatten die wilden Jäger sogar rufen hören. Einer berichtete, er habe dem wilden Heer einmal nachgeschrien: »Stah Haas! Stah Haas!«, und da habe man ihm mit den Worten »Hest mit jagt, schast ok mit freten!« einen Pferdefuß in den Garten geworfen.

Die Ruhe, die heute über den Wallanlagen liegt, ist demnach trügerisch. Denn jeden Tag können die hundert Jahre vorbei sein, und der arme, noch immer unerlöste Geist fährt wieder mit seiner Schubkarre um die Häuser. Und niemand weiß, welche Ereignisse das wilde Wagrierheer aus der Burg hervorlocken, um mit »Hussah« und »Hoho« durch die Kleingärten zu reiten.

Die Prinzessin in der Wittorfer Burg

Wo bei Neumünster in Schleswig-Holstein Schwale und Stör zusammenfließen, liegt ein uralter Ringwall, der Wittorfer Burg genannt wird. In den letzten Jahrzehnten wurden hier Ausgrabungen gemacht, in deren Verlauf sich herausstellte, daß die Wittorfer Burg vor über tausend Jahren während der Kämpfe zwischen Sachsen und Slawen ein Verteidigungszentrum war.

Dem Volksmund nach soll später in dem Ringwall eine Burg gestanden haben, die den Herren von Wittorf gehörte. Die Sage erzählt, daß sich an der Innenseite des Walls eine Höhle befindet, in der von einer verwünschten Prinzessin ein Schatz bewacht wird.

Wer diese Prinzessin treffen will, muß zwischen zwölf und ein Uhr nachts auf die Burg gehen. Man erkennt die Verwunschene daran, daß sie sehr groß ist und einen Schlüsselbund in der Hand trägt. Wie man sie erlösen kann, erfährt man am Beispiel eines Schulmeisters aus Padenstedt, der allerdings die Flucht ergriff, bevor er den Bann gebrochen hatte.

Dieser Schulmeister ging eines Nachts zur angegebenen Zeit auf die Burg und begegnete dort der Prinzessin. Sie sagte zu ihm: »Wenn du es schaffst, mich zu erlösen, steigt das Schloß, das früher an dieser Stelle stand, mit all seinen Schätzen wieder empor. Du erhältst die Schlüssel, und alles gehört dir. Du mußt nur einen Frosch, einen Wolf und eine Schlange küssen.«

»Warum soll ich es nicht versuchen?« meinte der Lehrer selbstbewußt. »Ich nehme an, es passiert mir nichts dabei!«

Die Prinzessin versicherte ihm, daß er alles unversehrt überstehen werde, und verschwand. Gleich darauf kam ein großer feuchter Frosch angehüpft. Der Schulmeister küßte ihn, ohne sich zu besinnen. Der Frosch sprang weg, und ein Wolf trottete heran. Er setzte sich auf die Hinterläufe und wartete mit grimmig hochgezogenen Lefzen auf den Kuß des Lehrers. Dieser verschränkte die Hände auf dem Rücken und küßte ihn auf die haarige Schnauze. Der Wolf verschwand, und rasselnd kam eine riesige Schlange herangekrochen. Sie sah so abstoßend aus und wand sich in so abscheulichen Zuckungen, daß den Schulmeister der Ekel packte. Er drehte sich auf dem Absatz um und rannte davon. Damit blieb die Prinzessin, die in diesen drei Verwandlungen erschienen war, unerlöst.

Viele Leute haben auch schon versucht, den Schatz ohne die Küsse zu bekommen. Das ist aber bisher noch niemandem gelungen.

Ein Weber aus Neumünster soll ihn beinahe ausgegraben haben, da vergaß er sich und sprach vor sich hin. Augenblicklich versank der Schatz, und der Mann behielt nur den Griff des Kastens in der Hand. Dieser Griff wurde später in der alten Kirche von Neumünster angeschlagen, wo ihn noch viele alte Leute gesehen haben wollen.

In »Mones Anzeiger« wird eine weitere, ganz seltsame Geschichte erzählt:

Drei Schatzgräber gruben auf der Wittorfer Burg nach Gold. Da erschien ihnen eine weiße Gestalt, hielt eine

Tafel vor sie hin und sagte: »Wenn ihr euch hier auf dieser Tafel verpflichtet, die Hälfte des Schatzes einem Mann in London zu überlassen, könnt ihr die andere Hälfte behalten.«

Die Gestalt soll sogar den Namen des Mannes genannt haben. Doch einer der Schatzgräber, den die lange, mühevolle Arbeit geärgert hatte, lehnte ab, ohne nachzudenken. Da verschwand die Erscheinung. Keiner der drei Männer konnte sich später auf den Namen des Mannes in London besinnen.

Bei den späteren Ausgrabungsarbeiten scheint man den Schatz nicht gefunden zu haben. In den Berichten darüber ist nur von Waffen, Hausrat und Spindeln die Rede.

Vielleicht gelingt es doch noch einmal jemandem, die Prinzessin durch ein paar herzhafte Küsse zu erlösen und den Schatz dadurch zu bekommen.

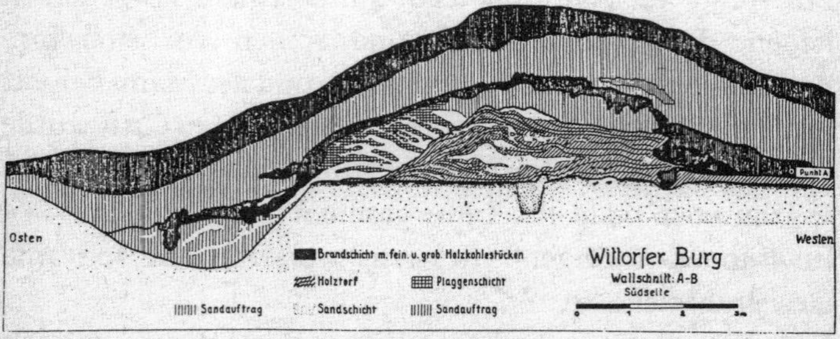

Querschnitt durch den Hauptwall der Burg von Wittorf

Die goldene Wiege in Dreebargen

Am Rande des Moores bei Hemmoor, im Ortsteil Westersode, liegen die Hünengräber Dreebargen. Dort sollen in alten Zeiten Zwerge gewohnt haben, die sich recht gut mit der Landbevölkerung vertrugen.

Die Sage erzählt zum Beispiel von einer Hebamme aus Westersode, die in einer stürmischen Nacht herausgeklopft wurde, um bei einer Zwergenmutter Geburtshilfe zu leisten. Nachdem alles überstanden war, wurde ihr von den Zwergen als Dank eine Portion Hafergrütze in die Schürze geschüttet. Die Frau, die entweder neu in der Gegend oder etwas einfältig war, ärgerte sich so über diesen Lohn, daß sie die Grütze ihren Schweinen hinwarf. Als sie wenig später ein Haferkörnchen aus purem Gold an ihrer Schürze blinken sah, war es zu spät. Die Schweine hatten die Grütze schon aufgefressen.

Jahrhundertelang verkehrten die Zwerge von Dreebargen und die Menschen der Umgebung friedlich miteinander und halfen sich gegenseitig. Aber mit der Zeit rückten die Bauern mit Pflug, Sichel und Erntewagen den verborgenen Eingängen zu den Zwergenwohnungen immer näher. Die Zwerge fühlten sich schließlich so gestört, daß sie auszogen. Ihre Schätze nahmen sie mit. Nur eine goldene Wiege ließen sie tief unten in der Erde zurück. Alle hundert Jahre soll sie für drei Nächte so weit an die Oberfläche steigen,

daß sie erreichbar ist. Wer schweigen kann, hat in diesen Nächten Gelegenheit, den Schatz zu heben.
Einer der Versuche, den kostbaren Gegenstand zu bergen, wird so beschrieben:
Zwei mutige Männer hatten den richtigen Zeitpunkt abgepaßt, zu dem der Schatz erreichbar war. Nachdem sie die erste Nacht hindurch hart gearbeitet und eine große Grube ausgehoben hatten, konnten sie die Kufen der goldenen Wiege schon mit den Händen fühlen. Da blickte einer der Schatzgräber zufällig auf und sah über sich einen Mühlstein an einem dünnen Faden hängen. Im ersten Schreck dachte er nicht daran, daß dieses Trugbild schon viele Schatzgräber genarrt hat. Er stieß einen lauten Schrei aus und sprang zur Seite. Daraufhin sank die Wiege polternd in die Tiefe.
Doch die Schatzgräber gaben nicht auf. In der zweiten Nacht hatten sie die Wiege bereits gepackt und fingen an, sie herauszuziehen, als plötzlich vier weiße Hengste hart an ihnen vorbeigaloppierten. Die Männer zuckten zusammen und wichen zur Seite, aber sie gaben keinen Ton von sich. Da verschwanden die Pferde wieder. Noch ein Ruck und die Wiege stand oben. Die Schatzgräber waren gerade dabei, sie vorsichtig anzuheben, um sie fortzuschaffen, da kam ein lahmes Hühnchen angehinkt. Es piepste: »Guten Morgen!«
Die beiden Schatzgräber schwiegen.
Das Hühnchen fragte: »Sind hier vielleicht vor einer halben Stunde vier Schimmel vorbeigekommen?«
Die Schatzgräber nickten mit dem Kopf. Als das Hühnchen nun aber fragte: »Ob ich die Pferde wohl noch einholen kann?«, lachte der eine Mann laut auf. Die Wiege fiel mit einem solchen Ruck in die Tiefe, daß sie den Mann beinahe mit hinabgerissen hätte. Fluchend und

Der »Steinofen«, eines der Hünengräber von Dreebargen

schreiend rannten die beiden Schatzgräber hinter dem lahmen Hühnchen her, um es zu erschlagen. Aber sie fingen es nicht. Sie konnten nur wütend zusehen, wie es mit Hohngegacker davonflatterte.

Die Stelle, an der die Schatzgräber nach der Wiege gegraben haben, soll noch lange zu sehen gewesen sein. Schade, daß niemand weiß, wann die Wiege das nächste Mal so weit an die Oberfläche steigt, daß man sie ausgraben kann.

Das goldbeladene Schiff im »rugen« Berg

Südöstlich von Kleinwörden, das heute zur Gemeinde Hechthausen im Landkreis Cuxhaven gehört, liegt in der Flur »Hinterm Holze« ein Sandfeld. Dort erhob sich noch vor etwa hundert Jahren der »ruge« Berg, ein Sandhügel von etwa zwanzig Metern Höhe, von dem man eine herrliche Aussicht ins Oste- und Elbetal hatte. Sogar Bänke sollen auf dem mit Kiefern bewachsenen und von Moor umgebenen Hügel gestanden haben.

Den »rugen« Berg gibt es heute nicht mehr. Zu Beginn dieses Jahrhunderts wurde der Sand vollständig abgetragen und auf der Oste verschifft. Nur noch ein Feld mit der Bezeichnung »Sand« zeigt auf der Deutschen Grundkarte die Stelle, an der er einmal gestanden hat.

Der Sage nach liegt ein goldbeladenes Schiff unter diesem Sand. Es wurde vor vielen tausend Jahren, als das Meer noch bis zu dieser Stelle reichte, bei einer Sturmflut an den Strand geworfen, wo es zerschellte. Neue Fluten häuften Sand über die Trümmer. Der Wind schob den Sand zusammen und türmte ihn auf, bis ein Hügel daraus wurde. Das goldbeladene Schiff sank tiefer und tiefer in den Sand ein und verschwand.

Es muß wohl noch dort liegen. Ältere Leute erzählen manchmal davon. Sie sagen auch, daß dieses Gold nur von einem Sonntagskind gehoben werden kann.

Ostelandschaft bei Großenwörden

Quer durchs Land von Osnabrück nach Salzgitter

Du wirst es schon schaffen!

Der Schmied im Hüggel

Südwestlich von Osnabrück zwischen Hasbergen und Hagen liegt der Hüggel, ein bewaldetes Bergmassiv. Die Chroniken erzählen, daß hier früher nicht nur Eisenerz, sondern auch Silber geschürft wurde. Es heißt, in den Hüggelbergen sei eine große Höhle, die Winnekesloch oder Wunderlichs Höhle genannt wird. Wo ihr Eingang liegt, weiß man nicht.

Am Hüggel soll vor langen Zeiten ein Schmied gewohnt haben. Er verstand sein Handwerk und war ein von allen geschätzter Mensch: friedlich mit seinen Nachbarn, liebevoll zu seiner Familie und großzügig gegenüber Fremden, die bei ihm einkehrten.

Doch dann wurde die Frau des Schmieds auf dem Heimweg von der Kirche vom Blitz erschlagen. Danach war der bis dahin so ausgeglichene Mann nicht wiederzuerkennen. Er haderte mit Gott, ließ sich von niemandem trösten und wollte auch seine Kinder nicht mehr sehen. Bald wurde er krank und dachte ans Sterben. Als es schon sehr schlecht um ihn stand, erschien ein weißbärtiger Mann bei ihm und brachte ihn in die alten Stollen des Hüggels. Dort sollte der Schmied von nun an leben und so lange Metallkönig sein, bis der Berg keine Ausbeute mehr liefern würde. Bei Tag durfte er sich ausruhen, in der Nacht mußte er für die Menschen arbeiten.

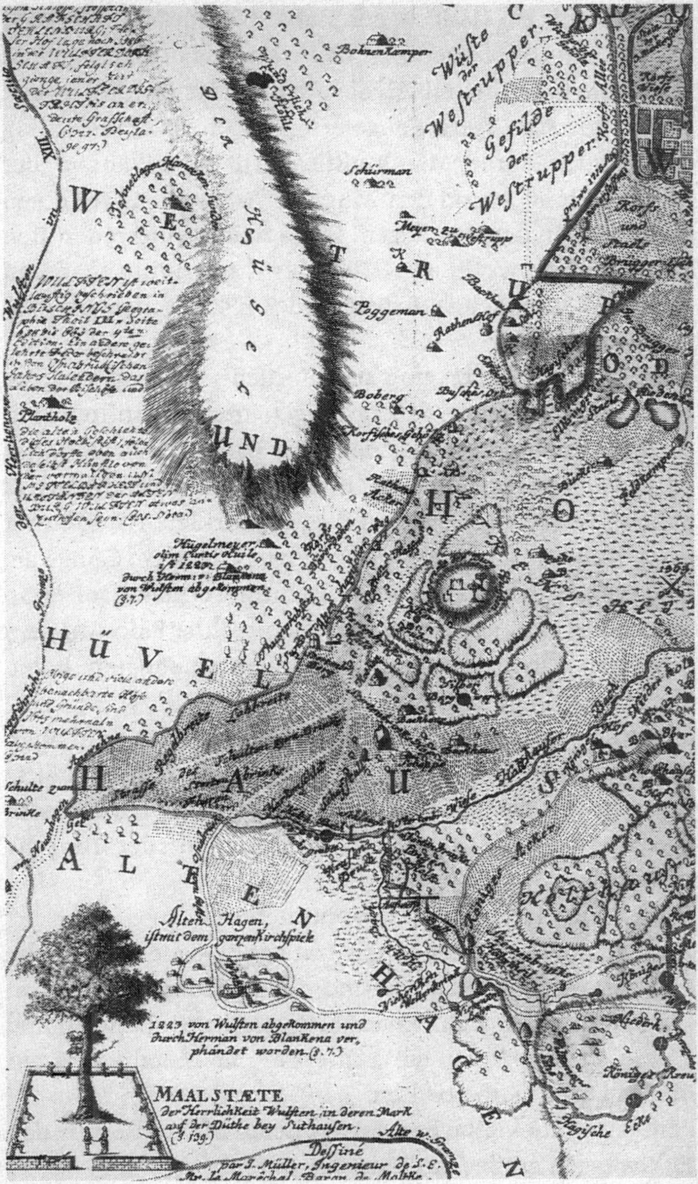

Bohnenkamper
Wüste der Westrupper
Gefilde der Westrupper
Schürman
Poggeman
Boberg
UND
H Ü V E L
A L T E N
Hügelmeyer olim Curtis Huile
Plantholz
Schulte zum Brinke
Alten Hagen, ist mit dem gantzen Kirchspiel
1223 von Wulften abgekommen und durch Herman von Blankena verpfändet worden. (§. 7.)
MAALSTÆTE
der Herrlichkeit Wulften in deren Mark auf der Düthe bey Suthausen. (§. 139.)
Alte w. Grenze
Dessiné par J. Müller, Ingenieur de S.E. Mr. le Maréchal Baron de Moltke

In den kühlen Gängen des Berges wurde der Schmied wieder der alte. Er schürfte das Eisen aus den schwachen Adern im Gestein und soll davon in den ersten Jahren viele Haus- und Ackergeräte angefertigt haben. Später beschlug er nur noch Pferde. Man mußte sie an einen Pfahl vor der Höhle anbinden und den gängigen Arbeitslohn auf einen großen Stein daneben legen. Dann wurde alles ordentlich erledigt. Nur wollte der Hüggeler – so nannte man den Schmied – bei seiner Arbeit weder gestört noch gesehen werden.

Immer wieder aber ging das Gerücht um von riesigen Schätzen, die in dem Berg aufgehäuft sein sollten. Ein abenteuerlustiger und geldgieriger Bauernsohn wollte es schließlich genau wissen. Er sammelte einen Armvoll grüner Zweige, um sich den Weg zu markieren, und betrat die Höhle. Rechts und links zweigten mehrere Gänge ab, und er wußte nicht, in welche Richtung er gehen sollte. So wandte er sich auf gut Glück nach rechts. Bald war sein Vorrat an Zweigen verbraucht. Umkehren und neue holen mochte er nicht, also ging er mutig weiter.

Plötzlich stand er vor einer eisernen Tür. »Die wird mich nicht aufhalten«, meinte er und schlug mit der Axt kräftig dagegen. Als die Tür aufsprang, blies ihm der Luftzug sein Grubenlämpchen aus. Erschrocken blieb der Bursche stehen.

Da rief eine laute Stimme: »Nur herein!«

Halb schüchtern, halb trotzig trat der Bursche in die Halle vor ihm. Von der Decke und den Wänden strahlte ein eigenartiges Licht. Zuckende Schatten schwebten auf und nieder. In der Mitte der Halle saß der Metallkönig auf einem langen Silberbalken.

Mißgestaltete kleine Berggeister liefen hin und her. In den Ecken lagen große Goldhaufen.

»Komm nur herein, Bursche«, rief der Metallkönig. »Setz dich an meine Seite!«
Da war zwar noch viel Platz neben dem Metallkönig, doch der junge Mann mochte sich um alles in der Welt nicht neben ihn setzen.
»Was bist du plötzlich so ängstlich? Ich erkenne dich ja kaum wieder«, meinte der Metallkönig. »Keine Angst, du wirst ebenso heil hier wieder herauskommen, wie du hereingekommen bist. Aber ein paar gute Ratschläge mußt du dir vorher noch anhören. Komm also her, damit ich nicht so laut sprechen muß.«
Leichenblaß und mit zitternden Knien kam der Bauernsohn näher.
»Du glaubst also, daß es besser ist, wenn man ohne Arbeit zu Geld kommt?« fragte der Metallkönig.
»Ist doch so!« murmelte der Bursche.
»Das wird vielleicht in einigen hundert Jahren mal so sein«, meinte der Alte. »Heutzutage muß man schon noch die Hände rühren, wenn man Steine zu Gold verwandeln will. Du besitzt Land?«
»Habe ich«, sagte der Bursche.
»Dann grab in deinen Äckern und bebau deine Wiesen. Damit schaffst du dir die ergiebigsten Gold- und Silberminen der Welt.«
Als der Metallkönig das gesagt hatte, fuhr dem Bauernburschen ein starker Luftstrom entgegen und trieb ihn durch die dunklen feuchten Gänge zur Höhle hinaus.
Der junge Mann soll den Worten des Metallkönigs gefolgt und ein reicher Bauer geworden sein.
Die Zeiten haben sich geändert. Heute würde sich wohl kaum einer den Rat vom Hüggeler zu Herzen nehmen. Vielleicht ist das der Grund, warum der Schmied später so unfreundlich wurde. Er beschlug keine Pferde mehr,

sondern soll glühende Pflugeisen auf die Felder geschleudert haben. Silber und Erz versiegten, und heute zeigen nur noch verlassene Schachtanlagen, tiefe Gruben und bewachsene Abraumhalden, daß der Hüggel einmal ein Erzberg war. Daß in ihm der Metallkönig noch immer auf seinem Silberbarren sitzt, kann man sich schwer vorstellen.

Die Goldkiste im Strumpelsberg

Im Leinetal in Niedersachsen liegt in der Nähe von Neustadt am linken Ufer der Grindau der Strumpelsberg, in dem eine Kiste mit Gold verborgen sein soll.

Wie dieser Schatz in den Strumpelsberg gekommen ist, hat vor vielen, vielen Jahren ein alter Schäfer selbst miterlebt. Seine Geschichte ist von Generation zu Generation bis in unsere Tage überliefert worden.

In alten Zeiten muß die Leine ein viel größerer Fluß gewesen sein als heute. Die Schiffe der reichen Bremer Handelsherren fuhren auf ihr und hatten nicht selten große Geldsummen an Bord.

Eines Tages weidete der Schäfer am Ufer der Leine seine Herde, als wieder einmal ein Kaufmannsschiff den Fluß hinunterfuhr. Es hatte eine ganze Tonne Gold geladen, die man in eine eiserne Kiste gepackt hatte. Der Eigner des Schiffes war einer von den Kaufleuten, die die Leute betrogen, wo sie nur konnten. So hingen – erzählt man – an dem Gold die Tränen vieler armer Leute, die das Schiff schwerer und schwerer machten. An der Stelle, wo heute der Strumpelsberg ist, lief es auf eine Sandbank und saß fest. Die Matrosen ärgerten sich sehr darüber und sparten bei ihren Versuchen, das Schiff wieder flottzumachen, nicht mit kräftigen Flüchen. Schließlich wurde der Kaufmann, der selbst mitgefahren war, so fuchsteufelswild, daß er ausrief, von ihm aus könne der Teufel das Schiff mit allen Schätzen holen. Das ließ sich dieser nicht zweimal sagen. Ein Donnerschlag krachte, und das Schiff versank so schnell, daß sich niemand mehr retten konnte. Der Sog des untergehenden Schiffes war so stark, daß die Leine über die Ufer trat und sich weiter westwärts ein neues Bett grub. Vor den Augen des Schäfers entstand der Berg, in dem die Goldkiste ruht.

Später hieß es, der Goldschatz könne gehoben werden, aber nur in einer Christnacht und nur von schweigsamen Leuten. Viele haben seither versucht, den Schatz auszugraben.

So hatten sich einmal in einer Christnacht mehrere tapfere Männer zusammengefunden, die sich selbst vor dem Teufel nicht fürchteten, um den Schatz zu heben. In Stöcken schlug die Kirchturmuhr elf, als sie mit Hacke und Spaten am Strumpelsberg ankamen. Zu ihrem Glück zeigte ihnen ein blaues Flämmchen den Platz an, wo sie graben mußten.

Sie machten sich fleißig an die Arbeit, und nach einer halben Stunde hatten sie ein tiefes Loch ausgehoben. Es klang schon ganz dumpf und hohl, wenn sie mit der Hacke auf den Boden schlugen. Aufgeregt arbeiteten die Männer weiter, ohne einen Laut von sich zu geben. Plötzlich erschien am Rand der Grube ein Wagen, der mit Dornen beladen war und von sechs jungen Enten gezogen wurde. Es sah so aus, als würde er jeden Augenblick umkippen und die Männer unter den Dornen begraben. Die schielten ängstlich nach oben, schaufelten aber schweigend weiter. Da fuhr das eigenartige Gespann langsam davon. Die Schatzgräber atmeten auf und arbeiteten stetig fort. Bald stießen sie auf die Goldkiste und legten den Deckel mit dem Spaten frei. Gerade als sie sich glückstrahlend

Der Strumpelsberg bei Neustadt am Rübenberge

zunickten, kam auf einem einbeinigen Hahn ein drolliges Männchen angeritten. Es hatte ein gelbes spitzes Gesicht, und sein feuerroter Rock hing ihm bis auf die schwarzen Stiefel mit den langen Sporen hinab. Dazu trug es gelbe Lederhosen und ein grünes Hütchen. Von seinem seltsamen Reittier blickte es in die Grube hinab und fragte: »Ob sie wohl weit weg sind?«

Die Männer arbeiteten weiter, ohne dem Männchen zu antworten. Auch als es seine Frage noch ein paarmal wiederholte, gingen sie nicht darauf ein. Schließlich gab der Zwerg seinem Hahn die Sporen und rief: »Hoppala! Ich werde sie bald wieder einholen!«

Dann hüpfte der einbeinige Hahn mit seinem Reiter davon. Das Bild war so komisch, daß einer in der Grube seinen Mund nicht halten konnte. Lachend rief er dem Männchen nach: »Jer! Du schast'n wohl daun!«, was übersetzt etwa heißt: Du wirst es schon schaffen! Kaum waren ihm die Worte über die Lippen gekommen, versank der mühsam freigeschaufelte Schatz mit ohrenbetäubendem Krach in der Tiefe. Aus dem nahen Esperker Holz hörte man das wütende Brüllen eines wilden Stieres, der direkt auf die Männer zuraste. Da machten die Schatzgräber, daß sie aus der Grube kamen, denn keiner von ihnen wollte dem leibhaftigen Teufel in die Hände fallen.

So liegt die eiserne Schatzkiste noch immer tief im Strumpelsberg begraben. Man könnte sie sicher heben, wenn man nur wüßte, was dabei zu beachten ist. Denn niemand weiß, ob der Teufel das Gold damals nicht mit einem neuen Zauber belegt hat.

Der schwarze Hund und der Einhornhirsch am Hohenstein

Nordöstlich von Hessisch Oldendorf erheben sich im Naturpark Weserbergland fünfzig Meter hoch die steilen Klippen des Hohensteins. Einst ein Heiligtum der heidnischen Sachsen, wurden sie im Jahr 782 in der Schlacht zwischen Karl dem Großen und Herzog Widukind erbittert umkämpft.

Wenn man sieht, wie heutzutage die Leute unbekümmert auf den Hohenstein steigen und den herrlichen Ausblick über das Wesertal genießen, kann man sich kaum vorstellen, daß sich früher die Menschen scheuten, auch nur in die Nähe der Felsen zu kommen. Sollen doch die zarten roten Nelken, die dort wuchsen, von dem Blut der vielen Menschen und Tiere gefärbt worden sein, die auf dem heidnischen Altar ihr Leben lassen mußten.

Die Bäume auf dem Hohenstein galten als verhext. Schlug man mit der Axt in einen Stamm, so sprangen Funken heraus, und hatte man das Holz endlich auf den Wagen geladen, rollte es sofort wieder herunter. Möbel, die aus diesem Holz gefertigt wurden, brachten nach Meinung der Leute Unglück über das Haus, in dem sie standen.

In den zerklüfteten Höhlen und Schluchten des Hohensteins sollen große Schätze liegen, so auch eine goldene Krone. Alle sieben Jahre, heißt es, erscheint am Johannistag auf dem Trudstein eine Zauberschrift und bleibt für

Der Hohenstein im Süntel

vierundzwanzig Stunden sichtbar. Wer sie entziffert, kann ein reicher Mann werden, denn sie gibt die genaue Lage dieser Schätze an. Auch soll sich am Hohenstein von Zeit zu Zeit ein großer schwarzer Hund sehen lassen, der an seinem Halsband einen Schlüsselbund trägt. Wer dem Tier diesen Schlüsselbund unbeschadet abzunehmen vermag, findet alle die geheimen Türen, die zu den Schätzen führen, und kann sie aufschließen.

Auf dem Hohenstein ist früher oft ein weißer Hirsch umgegangen, dem zwischen dem Geweih ein schwarzes

Horn wuchs. Einem Hirten, der am Felsen seine Kühe grasen ließ, lockte der Zauberhirsch einmal die beste Milchkuh von der Weide. Der Mann folgte dem Tier vorsichtig und sah, wie die Kuh ein weißes Hirschkalb säugte. Gerade wollte er das Kälbchen fangen und mitnehmen, als ein großer hagerer Mann mit eisengrauen Haaren aus dem Unterholz trat. Er trug ein schwarzes Totenhemd, das mit roten Schleifen zugebunden war, und hielt in der rechten Hand ein goldenes Schwert, in der linken ein goldenes Horn. Als er sein Schwert schwang, zuckten Blitze vom Himmel, und als er in sein Horn blies, tönte es wie Donnergrollen. Beim ersten Ton wurde der Hirte von übermenschlichen Kräften aufgehoben und kurz darauf unsanft inmitten seiner Herde abgesetzt.
Einige Bauern, die in der Nähe auf ihren Feldern arbeiteten, hatten alles mit angesehen. Empört über die rauhe Behandlung des Hirten packten sie ihre Sensen und Gabeln und wollten auf den Einhornhirsch losgehen. Da blies der Alte im Totenhemd noch einmal in sein Horn. Ein furchtbarer Sturm wirbelte die tapferen Leute hoch in die Luft hinauf. Sie stürzten zur Erde und blieben mit zerschmetterten Gliedern liegen. Seitdem hat kein Mensch mehr gewagt, näheren Kontakt zu den Geistern auf dem Hohenstein zu suchen.
Wer aber am nächsten Johannistag nachprüft, ob die Zeichen auf dem Trudstein noch erscheinen, dem wird sicher nichts passieren. Vielleicht kann er die Schrift entziffern und so einen ungefährlicheren Weg zu den Schätzen finden als den, sich mit dem schwarzen Hund anzulegen.

Die Geister auf dem Lüningsberg

Der Lüningsberg ist ein bewaldeter Bergrücken bei Aerzen, zwischen Bad Pyrmont und Hameln. Auf ihm liegt eine schöne flache Wiese, die ringsum von Büschen und Bäumen umgeben ist. Dort sollen sich früher die Geister getroffen haben, um zu kegeln. In Vollmondnächten konnte man den Klang ihres goldenen Kegelspiels weit im Umkreis hören. Da sich aber die Leute in alten Zeiten vor Elfen und Kobolden fürchteten, wagte jahrhundertelang niemand, die Geister bei ihrem Vergnügen zu stören.

Doch eines Tages kam ein junger Webergeselle von seiner Wanderung zurück, auf der er viele Erfahrungen, aber kein Geld gesammelt hatte. Er verliebte sich in ein Mädchen und wollte es heiraten, wußte aber nicht, womit er einen Hausstand gründen sollte. Da erinnerte er sich an das goldene Kegelspiel der Geister auf dem Lüningsberg.

»Weißt du«, sagte er zu seiner Braut, »die Geister da oben haben jetzt wirklich lange genug gekegelt. Wenn es mir gelingt, einen der goldenen Kegel zu bekommen, können wir eine schöne Hochzeit feiern.«

Die Sage erzählt nichts darüber, was seine Braut zu dieser Idee sagte. Auf jeden Fall stieg der Webergeselle in einer schönen Mondnacht auf den Lüningsberg. Dort war alles genau so, wie man es ihm erzählt hatte. Kleine weiße Geister schleuderten blitzende Kugeln über die Wiese,

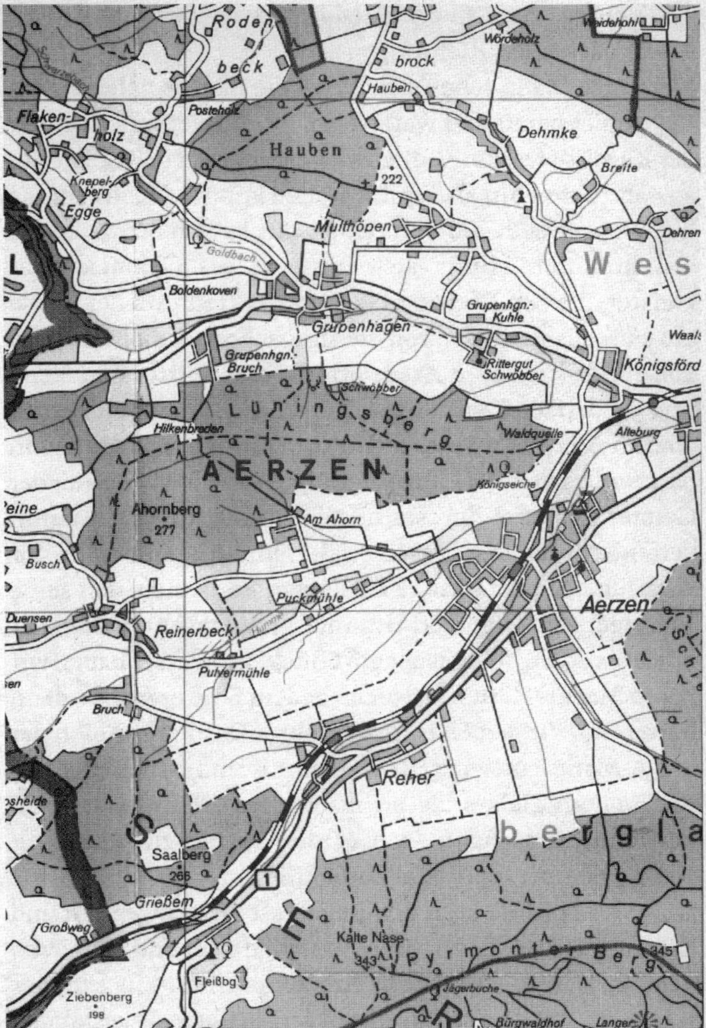
Roden
beck
brock
Wördeholz
Weidehohl
Hauben
Flaken-
holz
Posteholz
Hauben
Dehmke
Knepel-
berg
222
Breite
Egge
Multhöpen
Dehren
Goldbach
W e s
Boldenkoven
Grupenhgn.-
Kuhle
Grupenhagen
Waals
Grupenhgn.-
Bruch
Rittergut
Schwöbber
Königsförd
Schwöbber
L ü n i n g s b e r g
Hilkenbreden
Waldquelle
Alteburg
A E R Z E N
Königseiche
Ahornberg
277
Am Ahorn
Busch
Puckmühle
Aerzen
Duensen
Reinerbeck
Humme
Pulvermühle
Bruch
Reher
Saalberg
266
b e r g l a
1
Grießem
Großweg
Kalte Nase
343
P y r m o n t e r   B e r g
345
Fleißbg
Jägerbuche
Ziebenberg
198
Bürgwaldhof
Langer
Grund
P y r m o n t e r
Bomberg
Sanatorium
Kurheim
Schellenhof
BAD PYRMONT
Pyrmonter

und neun goldene Kegel fielen immer wieder mit sanftem Klang nach allen Richtungen um.
Der junge Mann schob sich durch die Büsche näher an das Kegelspiel heran und wartete auf eine Gelegenheit, einen der Kegel zu fassen. Endlich war es soweit. Ein Kegel rollte so nah zu ihm hin, daß er ihn greifen konnte. Hastig sprang der Webergeselle auf und rannte mit langen Schritten ins Tal hinunter. Hinter sich hörte er das Gekreisch der Geister, die den Diebstahl bemerkt hatten. Auf der Wiese am Fuß des Berges waren sie ihm schon so dicht auf den Fersen, daß er ihren Atem im Nacken spürte. Keuchend und schwitzend vor Angst lief er auf den alten Baumstamm zu, der als Brücke über der Humme lag. Mit einem Satz wollte er auf das Holz springen, aber das Gezeter der Geister machte ihn so unsicher, daß er den Stamm verfehlte und ins Wasser fiel. Nun hielt er alles für verloren. Da bemerkte er zu seinem Erstaunen, daß seine Verfolger am Ufer der Humme haltgemacht hatten. Er hörte sie rufen: »Das war dein Glück. Im Wasser haben wir keine Macht. Hätten wir dich vor dem Fluß erwischt, dann hätten wir dir den Hals umgedreht.« Das konnte sich der junge Mann gut vorstellen. Atemlos und pudelnaß, aber mit heilem Hals stieg er ans andere Ufer. Als er sich vorsichtig umschaute, sah er die Geister gleich Nebelschwaden über die Wiese zurückfliegen.
Der Webergeselle hielt den Kegel fest an sich gepreßt und lief nach Hause. Er heiratete sein Mädchen und baute von dem Geld, das der Kegel ihm einbrachte, ein schönes Haus. Es soll in Aerzen unten am Mühlbach gestanden haben mit einer großen Linde davor.
Die Wiese auf dem Lüningsberg gibt es noch immer. Auch heute wollen Leute nachts bei Mondschein auf dem Bergrücken ein Hin- und Herhuschen und Blitzen und

Funkeln gesehen haben. Das können nur die Geister sein, die kegeln wollen. Aber das ist nicht möglich, weil ihnen der neunte Kegel fehlt.
Wer dieses Treiben dort oben bemerkt, sollte hinaufsteigen und versuchen, einen der goldenen Kegel oder vielleicht sogar eine goldene Kugel zu erwischen. Nur darf er um Himmelswillen nicht vergessen, nach dem Raub ins kalte Wasser zu springen, damit ihm die Geister vom Lüningsberg nicht den Hals umdrehen.

Die Schätze auf dem Garßenhof

Im Dorf Gitter bei Salzgitter wurde 1557 von den Herren von Gitter ein großes Gehöft erbaut, das später an eine Familie von Garßen ging und seitdem Garßenhof heißt. Von ihm blieb im Lauf der Zeit nur das Herrenhaus übrig, das vor kurzem abgerissen und gegenwärtig auf einer sogenannten Traditionsinsel in Salzgitter-Bad wieder neu aufgebaut wird.

Die Sage berichtet von großen Schatzkammern, die unter diesem Gehöft liegen sollen. Anscheinend wurden sie bei den Abrißarbeiten nicht gefunden.

Einer der Herren von Gitter, der mehr konnte als nur Brot essen, soll zu der Zeit, als im Land die Stiftsfehde herrschte, diese Schatzkammern unter dem Rittersaal angelegt haben. Durch Zauber bewirkte er, daß der Eingang nur von einem Mitglied der Familie oder von einem Sonntagskind gefunden und geöffnet werden konnte.

Die Familie von Gitter scheint ausgestorben zu sein. Deshalb stehen die Schätze allein den Sonntagskindern zur Verfügung. Betrat in früheren Zeiten so ein Glückskind am richtigen Tag um Mitternacht den Hof, sah es zwei große Eulen mit glühenden Augen das Herrenhaus umfliegen. Eine der Eulen rief: »Schuhu! Schuhu!« und flog langsam auf eine bestimmte Stelle im Rittersaal zu.

Der Garßenhof an seinem ursprünglichen Standort in Gitter

Dort soll plötzlich der Ring einer Falltür sichtbar gewesen sein. Für das Sonntagskind war es nun eine Kleinigkeit, diesen geheimen Eingang zu den Schatzkammern zu öffnen und an die Kostbarkeiten zu kommen, die bis an die Decke des mächtigen Gewölbes gestapelt waren. Eine ganze Stunde lang durfte es die Schätze zusammenraffen und hinaustragen. War aber die Stunde vorbei, mußte es die Schatzkammer verlassen haben. Denn wenn die Uhr eins schlug, schrie die zweite Eule fünfmal »schuhu«. Schon bei dem ersten Schrei fiel die Falltür wieder zu. Wer dann noch in der Schatzkammer war, kam nicht mehr heraus und mußte inmitten all der Schätze verhungern.

Schon lange hat kein Sonntagskind mehr versucht, den Schatz zu heben. Vielleicht ist die Angst vor den vielen vermoderten Toten, die möglicherweise in den Gewölben liegen, zu groß. Oder die Sorge, nicht rechtzeitig wieder aus der Schatzkammer hinauszukommen. Obwohl das heutzutage mit einer Präzisionsuhr zu schaffen sein sollte. Es sei denn, man vergißt, blind vor Gier, auf die Uhr zu schauen. Auch unter den Bauarbeitern, die den Garßenhof abgerissen haben, scheint kein Sonntagskind gewesen zu sein, das zufällig noch um Mitternacht auf der Baustelle zu tun hatte. Sonst hätten die Eulen ihm sicher die geheime Falltür gezeigt. Aber es ist natürlich auch möglich, daß sich die Vögel – verschreckt von dem Lärm, mit dem das Gehöft in seine Einzelteile zerlegt wurde – nicht mehr zeigen wollten.

Wo der Schatz jetzt liegt, kann man schwer sagen. Aller Wahrscheinlichkeit nach noch am alten Platz in Gitter. Man sollte dort wirklich aufpassen, ob nicht zwei Eulen nachts über parkende Autos flattern und verzweifelt »schuhu« rufen.

Schatzreise im südlichen Niedersachsen

Beeile dich,
es schlägt gleich zwölf!

Die goldene Glocke im bessoischen Meerpfuhl

Wo der bessoische oder bedessische Meerpfuhl bei der Stadt Dassel am Solling genau liegt, weiß heute niemand mehr. Die einen vermuteten ihn nach Aussage der älteren Einwohner an der Stelle, die »meerpump« genannt wird, die anderen im ehemaligen Wallgraben an der Spülig am Ostrand der Altstadt oder bei dem zerstörten Dorf Bedesau zwischen Lüthorst und Portenhagen. Es würde sich lohnen, den Meerpfuhl wiederzufinden, denn es soll eine goldene Glocke in ihm liegen.

In Dassel meint man, daß früher in dem Pfuhl der Teufel gewohnt oder sich dort zumindest gern aufgehalten habe. Ende des vorigen Jahrhunderts erzählte ein etwa achtzigjähriger Mann eine Geschichte, die diese Annahme bestätigt:

Ein Bauer aus dem Dorf Lüthorst, das heute zu Dassel gehört, hat einmal an einem Samstagabend in der Nähe des Pfuhls gepflügt. Die Vesperglocke hatte schon geläutet, aber der Bauer arbeitete verbissen weiter. Es ärgerte ihn, daß das Pferd und der Junge, der es führte, immer müder und langsamer wurden. Er beschimpfte sie und schlug mit der Peitsche nach ihnen und schrie, es müsse doch mit dem Teufel zugehen, wenn er sein Feld nicht vor Einbruch der Nacht umgepflügt habe.

Plötzlich stieg ein großer schwarzer Gaul aus dem Meer-

Dassel mit St. Laurentiuskirche

pfuhl heraus. Kaum sah der Bauer das prächtige Tier, da befahl er dem Jungen, sofort das erschöpfte Pferd aus dem Geschirr zu nehmen und das schwarze vor den Pflug zu spannen. Der Junge weinte und wollte nach Hause, aber der Bauer zwang ihn, den Teufelsgaul einzuspannen. Kaum spürte dieser die Zügel, zog er auch schon ungestüm an. Der Bauer lobte alle Teufel, die ihm ein so brauchbares Pferd geschickt hatten. Aber anstatt den Pflug über das Feld zu ziehen, galoppierte der schwarze Gaul mitsamt dem Bauern und dem Pflug in den abgrundtiefen Meerpfuhl hinein. Das hat der Junge später in Lüthorst erzählt.
Der Teufel war es auch, der die goldene Glocke im bessoischen Meerpfuhl versenkt hat. Diese Glocke aus purem Gold hing in der Kirche von Portenhagen. Sie hatte einen so reinen und kräftigen Klang, daß alle Leute aus der Umgebung gerne zur Kirche gingen, wenn diese Glocke

den Gottesdienst einläutete. Das mißfiel dem Teufel. Er stahl die Glocke und warf sie in den bessoischen Meerpfuhl.

Lange Zeit nach dem Diebstahl gelang es einem Taucher, sich in den Pfuhl hinabzulassen. Er hatte Stricke mitgenommen, mit denen die Leute, die oben standen, die Glocke heraufziehen sollten. Der Mann blieb so lange unten, daß jeder schon glaubte, der Teufel habe ihn geholt. Als er schließlich doch wieder gesund und munter aus dem Wasser stieg, erzählte er eine ganz unglaubliche Geschichte.

Da unten im Wasser, so sagte er, sei eine grüne Wiese gewesen. Mitten auf der Wiese habe auf einem Tisch die goldene Glocke gestanden, bewacht von einem riesigen, bösartig aussehenden schwarzen Hund. Aber viel schlimmer als der geifernde, knurrende Hund sei ein gräßliches Meerweib gewesen, das mit schrecklicher Stimme gesagt habe: »Es ist noch viel zu früh, die Glocke zu holen. Da muß es euch da oben noch viel schlechter gehen.«

Was genau das Meerweib mit diesen Worten gemeint hat, ist schwer zu sagen. Auf jeden Fall liegt die goldene Glocke immer noch in der Tiefe des bessoischen Meerpfuhls.

Die weiße Jungfrau auf dem Hunnesrück

Nördlich von Dassel legten auf dem Rotenberg Schüler im Jahr 1959 die Überreste einer großen Burg frei, die wahrscheinlich aus dem 12. Jahrhundert stammt und bereits Anfang des 17. Jahrhunderts verfallen war. Vor der Ausgrabung zeigten nur einige überwachsene Erhebungen, Vertiefungen und Gräben an, daß an diesem Ort einmal eine Burg gestanden hatte.

Der Sage nach wohnt in dieser Burg eine weiße Jungfrau, die einen Schatz hütet. Tagsüber hält sie sich in der Nähe der Burgruine oder in ihren zwölf Zimmern darunter auf. Die zwölf Schlüssel zu diesen Zimmern trägt sie an einem Schlüsselbund bei sich. Manchmal steigt die Jungfrau aus einem tiefen Loch innerhalb der Burganlage – es kann auch ein Brunnenschacht sein – mit einem Tragholz auf den Schultern, an dem zwei silberne, mit Gold verzierte Eimer hängen. In dem einen Eimer ist roter Wein, in dem anderen weißer.

Anscheinend ist die Jungfrau durch das lange vergebliche Warten auf Erlösung mit der Zeit recht bösartig geworden. Man sollte daher, wenn man sie trifft, darauf achten, welchen Wein sie einem anbietet. Wer vergißt, sie zu grüßen, der bekommt den weißen Wein, der sofort tödlich ist. Wer sie aber mit Respekt behandelt, darf von dem roten trinken, der gesund, stark und fröhlich machen soll.

Die Nächte soll die Jungfrau öfters in Mackensen in einem Keller verbringen, der unter einem hohen Haus liegt und durch eine eiserne Tür mit ihrem Schacht verbunden ist. Auch hier zahlt mit dem Leben, wer die Jungfrau übersieht. Geht ein Mensch an dem Kellerloch, aus dem sie zuweilen herausschaut, vorbei, ohne sie zu grüßen, stürzt sie heraus und zerreißt ihn in Stücke.
Am Himmelfahrtstag und an Pfingsten ist die Wahrscheinlichkeit, sie zu treffen, besonders groß. Wer in der Vergangenheit so mutig war, ihren Einladungen in die unterirdischen Räume zu folgen, hat das nicht bereut. Im Gegensatz zu anderen Schätzen verschwindet das Gold, das die Jungfrau verschenkt, nicht wieder, wenn der Erlösungsversuch scheitert. Vielleicht ist sie auch deshalb so angriffslustig, weil sie befürchtet, für ihren wirklichen Retter schließlich kein Gold mehr übrig zu haben.
Wie die Sage erzählt, folgte ihr einmal ein Schäfer in den Schacht. Unten stand eine große eiserne Tafel, an die er seine Mütze hängte. Dabei fielen die drei Blumen herunter, die er kurz zuvor gepflückt hatte.
Die Jungfrau befahl ihm, stehenzubleiben und auf sie zu warten. Als sie wiederkam, brachte sie drei herrliche goldene Schmuckstücke mit, die sie ihm gab.
»Vergiß nur nichts«, sagte sie, »sonst werde ich wieder nicht erlöst.«
Der Mann nahm den Schmuck, bedankte sich und setzte seine Mütze auf. Doch er vergaß, die Blumen aufzuheben, die auf den Boden gefallen waren. Die Jungfrau sah es sofort und fing an, zu schreien und zu toben.
»Nun wird erst in hundert Jahren wieder einer geboren, der mich erlösen kann!« rief sie und schlug hinter dem verdatterten Schäfer die Tür so heftig zu, daß die ihm beinahe die Fersen abhackte.

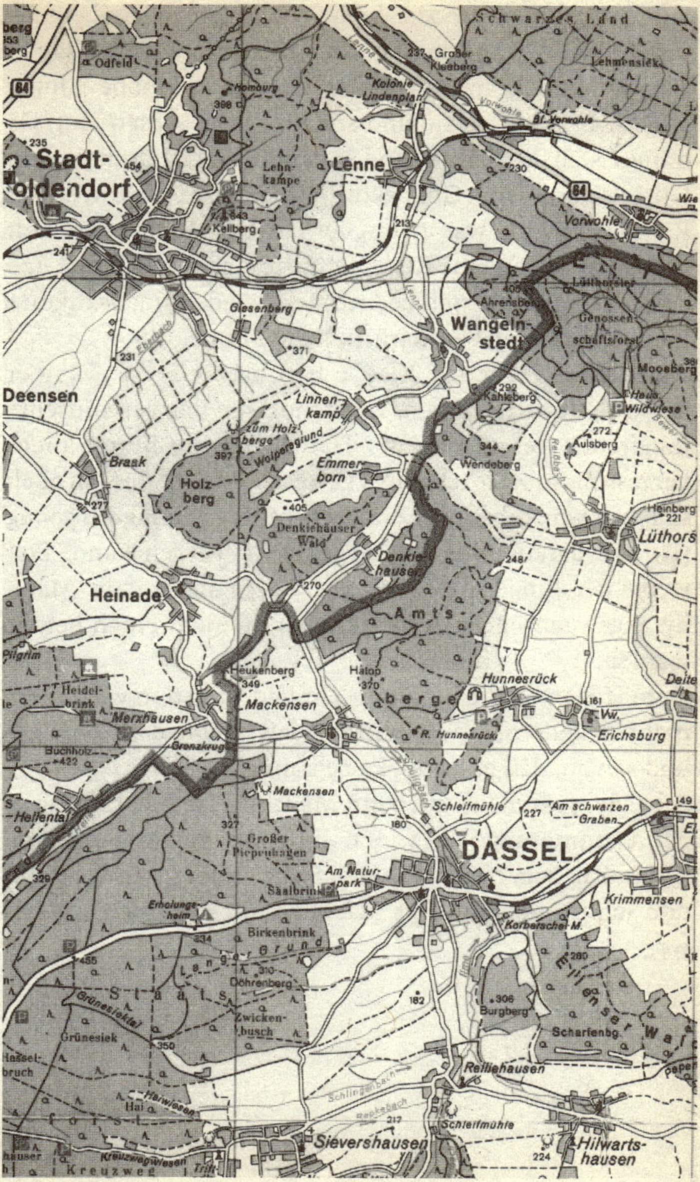
Odfeld
Homburg
Schwarzes Land
Großer Kleeberg
Lehmensiek
Kolonie Lindenplan
Vorwohle
Bf. Vorwohle
Stadt-
Oldendorf
Lehnkampe
Lenne
Vorwohle
Kellberg
Giesenberg
Lüthorster
Ahrensberg
Wangelnstedt
Genossenschaftsforst
Moosberg
Deensen
Linnenkamp
Kahleberg
Haus Wildwiese
zum Holzberge
Wolpersgrund
Aulsberg
Brask
Holzberg
Emmerborn
Wendeberg
Denkiehäuser Wald
Heinberg
Lüthorst
Denkiehausen
Heinade
Amtsberge
Pilgrim
Heukenberg
Hatop
Hunnesrück
Heidelbrink
Mackensen
Merxhausen
R. Hunnesrück
Erichsburg
Buchholz
Grenzkrug
Mackensen
Schleifmühle
Am schwarzen Graben
Hellental
Großer Pieprubagen
DASSEL
Am Naturpark
Saalbrink
Krimmensen
Erholungsheim
Birkenbrink
Korberschei M.
Döhrenberg
Staatsforst
Burgberg
Grünesiektal
Zwickenbusch
Grünesiek
Scharfenbg.
Hasselbruch
Relliehausen
Schlingenbach
Schleifmühle
Sievershausen
Kreuzwegwiesen
Kreuzweg
Trift
Hilwartshausen

Hundert Jahre davor oder danach nahm ein Hirte ebenfalls die Einladung der Jungfrau an. Unten im Schacht sah er eine eiserne Klappe, vor der eine sehr schöne Blume wuchs. Er pflückte sie und steckte sie an seinen Hut. Da öffnete sich die Klappe, und er kam in einen Raum, in dem lauter eiserne, mit Gold gefüllte Kisten standen. Weil der Raum so niedrig war, nahm der Hirte die Blume vom Hut und legte sie auf eine Kiste. Er füllte sich die Taschen und den Hut mit Gold und beeilte sich, wieder hinauszukommen. Dabei vergaß er natürlich die Blume.

Auch ihm schlug die Klappe hart an die Fersen, und er hörte die Jungfrau sagen, was schon so viele verwünschte Jungfrauen gesagt haben: »Hättest du die Blume nicht vergessen, so wäre ich erlöst gewesen. Nun bleibe ich noch so lange verzaubert, bis ein bestimmter Baum groß genug ist, daß daraus eine Wiege gemacht werden kann. Erst wenn der Junge, der in dieser Wiege liegt, zum Mann herangewachsen ist, kann ich von meinem Fluch befreit werden.«

Dem Hirten tat die Jungfrau sehr leid, aber nun war nichts mehr zu ändern. Er war heilfroh, daß sie ihm das Gold ließ, und sah zu, daß er nach Hause kam.

Sehr viel später soll auch ein Mädchen am Johannistag in der Dämmerung die weiße Jungfrau in der Burgruine gesehen haben. Sie hatte einen Schlüsselbund in der Hand und schluchzte laut. Das Mädchen fürchtete sich und lief weg.

Die weiße Jungfrau auf der Vogelsburg

Auf der Vogelsburg, einem bewaldeten Berg bei dem Dorf Vogelbeck in der Nähe von Einbeck, soll in alten Zeiten eine Burg gleichen Namens gestanden haben.
Auch heute noch läßt sich dort eine weiße Jungfrau sehen. Sie erscheint allen Sonntagskindern, doch erlösen kann sie nur ein völlig sündenfreier Mensch. Wem sie freundlich die Hand hinstreckt, der sollte lieber nicht zugreifen. Denn wenn sie jemanden berührt, der nicht mehr ganz unschuldig ist, verbrennt dem die Hand und fällt ab.
Manchmal hört man die Jungfrau schreien. Besonders schlimm soll es in den Nächten zwischen Himmelfahrt und Pfingsten sein. Sie fängt ganz leise zu wimmern an, wie ein kleines Kind. Dann steigert sie ihr Klagen und Schluchzen, bis sie schließlich so laut schreit, daß es kaum zu ertragen ist. Wer ihren Schreien folgt, dem läuft sie davon, um sich an anderer Stelle wieder hören zu lassen. Nicht wenige Wanderer wurden dadurch schon in die Irre geführt und fanden erst nach Stunden ihren Weg wieder.
Viele Geschichten, die in dieser Gegend erzählt werden, handeln von den Schätzen, die unter der Vogelsburg liegen sollen.
Ein Mann aus Ahlshausen, der einmal zufällig an der Vogelsburg vorbeikam, sah auf dem Boden zwei schnee-

weiße Laken liegen, auf denen goldgelber Weizen ausgebreitet war. Die Körner waren so gelb, wie er das noch nie gesehen hatte, und ohne Spreu, als ob eine Taube sie verlesen hätte. Verwundert wühlte der Mann mit der Hand darin herum. Bevor er weiterging, nahm er ein Korn und steckte es ein. Nach einer Weile holte er das Korn wieder aus der Tasche, um es noch einmal zu betrachten. Da hatte es sich in ein Goldstück verwandelt. Er ging sofort zur Vogelsburg zurück, aber die Laken mit dem Weizen waren schon verschwunden. An der Stelle, wo sie gelegen hatten, fand er noch einige Goldstücke. Ein paar Körner mußten beim Herumwühlen vom Laken gefallen sein. Halb froh und halb verärgert steckte der Mann das Gold ein und nahm sich vor, beim nächstenmal gescheiter zu sein.

Genau an derselben Stelle sah ein alter Mann, der die Geschichte von dem Weizen viele Male gehört hatte, ein Goldstück, als er auf dem Weg nach Einbeck war, um einzukaufen.

»Du kommst mir gerade recht«, sagte er und bückte sich, um die Münze aufzuheben. Kaum hatte er die Worte ausgesprochen, war das Goldstück verschwunden.

Vier Musikanten aus Ahlshausen begegneten einmal der weißen Jungfrau. Sie waren auf dem Weg nach Einbeck, um dort aufzuspielen. Als sie über die Vogelsburg gingen, meinte einer, sie könnten doch dem guten alten Kaiser Heinrich ein Ständchen bringen. Die Idee fand allgemeine Zustimmung. Sie packten ihre Instrumente aus und spielten eine lustige Weise. Als sie fertig waren, erschien ein Fräulein und bot ihnen auf einem Teller weiße Knochen an, die die Burschen zögernd annahmen. Drei der Musiker hielten ihren Knochen für wertlos und ließen ihn heimlich zu Boden fallen. Der vierte steckte ihn in die

Einbeck (Rathaus) – ein Katzensprung zur Vogelsburg

Tasche. Als er ihn nach einer Weile wieder herausholte, hatte er sich in eine Stange Gold verwandelt. Alle rannten zu der Stelle zurück, wo die anderen drei die Knochen hingeworfen hatten, fanden aber nichts mehr.

Das aufregendste Erlebnis hatte um das Jahr 1780 ein Kuhhirte namens Wessel, der aus Vogelbeck stammte. Er hütete eines Tages mit seinem kleinen Sohn seine Herde bei der Vogelsburg. Mittags streckte er sich im Schatten einer Eiche aus, um zu schlafen. Unter den Kopf hatte er seinen dreieckigen Hut geschoben. Plötzlich sah der Sohn, der in der Nähe spielte, bei der Burg eine weiße Gestalt. Ängstlich lief er zu seinem Vater, stupste ihn an und sagte: »Schau, Vater, da ist wer!«

Der Kuhhirte richtete sich auf und sah eine weiße Jungfrau auf sich zukommen. Sie sagte: »Ich bitte dich, schlag mir

den Kopf ab. Dann bin ich endlich erlöst. Mach aber schnell, denn es muß noch vor zwölf Uhr getan sein!«
»Halt, halt!« rief der Hirte entsetzt. »Da kann ich dir wirklich nicht helfen. Außerdem habe ich auch kein Beil.«
Die Jungfrau lief zur Burg und kam nach kurzer Zeit mit einem silberglänzenden Beil zurück. Verzweifelt versuchte sie, es dem Hirten in die Hand zu drücken. Sie beschwor ihn: »Sei mutig! Schlag mir den Kopf ab und erlöse mich. Du kannst hinterher den Schlüsselbund von meinem Gürtel nehmen und damit den Berg aufschließen. Alle Schätze, die du dort in den unterirdischen Räumen findest, gehören dir. Aber du mußt mir vorher den Kopf abschlagen. Beeil dich, es schlägt gleich zwölf!«
Nicht für alle Schätze der Welt wollte der Hirte dem Fräulein seinen Wunsch erfüllen. Er packte seinen Sohn, der mit offenem Mund zugehört hatte, und brachte so schnell wie möglich einen gehörigen Abstand zwischen sich und die Jungfrau. Da begann sie ganz schrecklich zu schreien und zu schluchzen. »Nun wird erst wieder in hundert Jahren einer geboren werden, der mich erlösen kann«, rief sie klagend aus und verschwand.
Einige Zeit darauf hielt der Hirte wieder einmal auf der Vogelsburg seinen Mittagsschlaf. Wie er so dalag, kam ein Wiesel und lief ihm ein paarmal über den Leib. Da schlug es der Hirte tot, und vor ihm lagen die goldenen Ringe der Jungfrau.
Wessel verkaufte die Ringe für siebeneinhalb Taler in Einbeck. Später erzählte er seinem Nachfolger die ganze Geschichte. Dieser war fest entschlossen, die Bitte der weißen Jungfrau zu erfüllen. Er hätte ihr sofort den Kopf abgeschlagen, wenn sie ihm nur erschienen wäre. Doch er starb als alter Mann, ohne sie nur ein einziges Mal gesehen zu haben.

Bedenkt man die Geschichte mit dem Wiesel, könnte man glauben, daß die Jungfrau nicht mehr erschien, weil sie auf listige Weise ihre Erlösung erzwungen hat.
Andererseits wollen immer wieder Leute ihr Weinen und Klagen auf der Vogelsburg gehört haben. Und nirgendwo findet sich ein Bericht darüber, daß die Schätze in dem Berg gehoben worden sind.

Die zwölf Jungfrauen auf dem Lichtenstein

Bei Osterode im Harz liegen nahe dem Dorf Förste die kümmerlichen Ruinenreste der Burg Lichtenstein. Dieser von Touristen selten besuchte, beschauliche Platz bekommt eine ganz andere Bedeutung, wenn man folgende Sage kennt:

Einmal ging ein Knochenhauer – wie man damals die Fleischer nannte – aus Alfeld nach dem Eichsfeld, um dort Geschäfte zu machen. Auf dem Rückweg kam er über die Burgwiese am Lichtenstein. Da es schon dunkel war, beschloß er, dort am Rand des schönen Buchenwaldes zu übernachten.

Es war warm, und der Mond schien so hell, daß der Mann nicht einschlafen konnte. Außerdem war es ihm unheimlich, denn in der Burg, deren Turm er vor sich sah, hatten früher Raubritter gelebt. Er war kurz davor, aufzuspringen und sich einen anderen Schlafplatz zu suchen, als plötzlich zwölf Jungfrauen in altmodischen Kleidern auf der Wiese erschienen und zu tanzen begannen.

»Mein Gott!« entfuhr es dem Fleischer. »Warum habe ich nicht daran gedacht, daß heute Johannisnacht ist!«

Er verhielt sich ganz still, um nicht entdeckt zu werden. Aber als es von einem Kirchturm im Tal zwölf Uhr schlug, kam eine der Jungfrauen auf ihn zu und trat mit ihrem Fuß an sein rechtes Knie. Obwohl der Mann immer tiefer in

die Büsche kroch, folgte ihm die Jungfrau und trat ihn aufs neue. Wieder reagierte er nicht. Auch beim drittenmal blieb er völlig regungslos. Inzwischen war es ein Uhr geworden. Die weißen Jungfrauen verschwanden.
Als der Fleischer den Vorfall in Alfeld erzählte, bekam er immer wieder zu hören, daß er falsch gehandelt habe.
»Am besten ist, du gehst nächstes Jahr in der Johannisnacht wieder hin und fragst die Jungfrauen, was sie von dir wollen«, riet man ihm. »Und laß dich von ihnen treten, so oft sie mögen. Vielleicht haben sie ja einen Schatz für dich.«
Das leuchtete dem Mann ein. In der Johannisnacht des folgenden Jahres saß er deshalb wieder auf der Burgwiese und wartete auf die Geisterstunde.
Wie im Jahr zuvor erschienen die Jungfrauen und tanzten. Und wieder kam eine zu ihm und trat ihn heftig an das rechte Knie.
»Im letzten Jahr warst du sanfter«, brummte der Mann und rieb sich das Bein. Dann besann er sich aber auf das, was er hier wollte, und fragte: »Kann ich etwas für euch tun?«
»Das kannst du«, antwortete die Jungfrau. »Du kannst uns erlösen.« Sie führte den Mann zu einer bestimmten Stelle an der zerborstenen Burgmauer.
»Hier haben wir vor langer Zeit einen Schatz vergraben, als wir wegen eines Überfalls aus der Burg fliehen mußten. Wir konnten das Gold nicht mehr herausholen, denn man hat uns ermordet. Nun sind wir dazu verdammt, jedes Jahr in der Johannisnacht auf der Burgwiese zu tanzen, bis die Zeichen so stehen, daß uns ein Mensch sehen kann. Dieser Mensch kann den Schatz heben und uns erlösen.«
Der Fleischer wollte sofort anfangen zu graben, aber die

Jungfrau sagte ihm, daß das nur in der Johannisnacht zwischen zwölf und ein Uhr möglich sei.
»Kann ich noch jemanden mitbringen, der mir hilft?« fragte der Fleischer, der eine Menge Arbeit auf sich zukommen sah.
»Du darfst sechs Helfer mitbringen«, sagte die Jungfrau. »Drei unschuldige Mädchen, zwei keusche Junggesellen und einen Knaben zum Leuchten. Paß auf, daß keiner von euch bei der Arbeit spricht, denn dann verschwindet der Schatz und ist für dich auf ewig verloren.«
Die Jungfrau verabschiedete sich, und der Fleischer kehrte aufgeregt und glücklich nach Hause zurück. Die Auflagen, die für die Schatzhebung zu erfüllen waren, erschienen ihm nicht allzu schwer. Er hatte zwar etwas Mühe, drei jungfräuliche Mädchen zu finden, die kräftig genug graben konnten. Auch zwei keusche Junggesellen waren nicht gleich zur Hand. Aber er hatte ja Zeit genug, sie aufzutreiben.
Auf jeden Fall war er ein Jahr später in der Johannisnacht pünktlich mit seinem kleinen Arbeitstrupp und den nötigen Geräten wieder auf dem Lichtenstein an der Burgmauer. Punkt zwölf Uhr begannen sie, an der von der Jungfrau bezeichneten Stelle zu graben. Als es ein Uhr schlug, mußten sie enttäuscht aufgeben. Der Schatz schien sehr tief zu liegen.
In der Johannisnacht des folgenden Jahres trafen sie sich wieder und gruben weiter. Doch obwohl sie sich sehr anstrengten, war es wieder vergebens. Die Uhr schlug eins, und sie hatten nur ein tiefes Loch vor sich.
Wie die Sage berichtet, gruben sie auch in der Johannisnacht des dritten Jahres nach dem Schatz. In jenem Jahr versuchten Geister, die Leute an der Arbeit zu hindern. Sie taten, als ob sie einen der Männer an einem

Mittelalterliches Osterode – auf dem Weg zur Burg Lichtenstein

Galgen aufhängen wollten. Doch die Schatzgräber ließen sich nicht beirren. Sie gruben schweigend weiter und erblickten endlich im Schein der Laterne, die der Junge ihnen hielt, den Rand einer Tonne. Nun verstärkten sie noch einmal ihre Anstrengungen. Gerade als sie die Tonne hochhieven wollten, raste am Rand der Grube eine Kutsche vorbei, die von vier kopflosen Pferden gezogen wurde. Gleich darauf erschien auf einem Backtrog ein Junge ohne Kopf, der schrie: »Ist die Kutsche fort, so will ich auch fort!«

Er bewegte sich dabei so ungeschickt auf seinem seltsamen Gefährt, daß es aussah, als ob er jeden Augenblick in die Grube stürzen würde.

Das war zuviel für den Jungen, der das Licht hielt. In höchster Angst rief er aus: »Herr, hilf mir!«, und duckte sich.

Im selben Moment war das Monster mit dem Backtrog verschwunden. Aber auch die Tonne mit dem Schatz war weg, und so wütend die Schatzgräber mit ihren Spaten in der Erde herumwühlten, mit ihrem Traum vom Reichtum war es doch aus.

Die zwölf Jungfrauen sollen seit jener Zeit nicht mehr erschienen sein.

Die Schätze im Weingartenloch

Zwischen Bad Lauterberg-Osterhagen und Bad Sachsa-Steina liegt das Weingartenloch. Es ist in einer Doline durch einen alten Höhleneingang sichtbar. In seiner Tiefe sollen große Schätze liegen. Den Sagen nach wurden Teile davon bereits von verschiedenen Leuten gehoben. Trotzdem muß immer noch genug da sein, um einen armen Menschen reich zu machen.

Es wird an die fünfhundert Jahre her sein, daß ein Hirte aus Osterhagen sich hinter einem Eichenbusch in der Nähe des Weingartenlochs mittags zur Ruhe legte. Plötzlich stiegen zwei Männer aus dem Teich. Sie setzten sich auf einen Stein und holten eine Flasche Wein hervor, tranken abwechselnd daraus und winkten nach einiger Zeit dem Hirten zu.

»Komm her!« riefen sie. »Komm her und trink mit. Es ist noch genug da, außerdem können wir auch mehr holen.«

Die Männer sahen aus wie anständige Leute, also überwand der Hirte sein Mißtrauen, setzte sich zu ihnen und nahm einen Schluck aus der Flasche. Der Wein schmeckte ausgezeichnet, aber er war so stark, daß der Hirte müde wurde und nach einer Weile die Augen nicht mehr offenhalten konnte. Er sank um und schlief ein.

Als er aufwachte, war der blaue Himmel über ihm verschwunden. Statt dessen schaute er in einen Spiegel

mit reichverziertem Rahmen und sah, daß er halbnackt auf einem kostbaren Bett lag. Erschreckt sprang der brave Mann auf, um die schönen bestickten Laken nicht zu beschmutzen, und suchte nach seinen Hosen und seiner alten Joppe. Aber er fand sie nicht. Auf dem Stuhl neben dem Bett lagen nur Kleidungsstücke aus Samt und Seide, gefältelt und gerüscht. Ungeschickt zwängte er sich mit viel Mühe in das unbequeme Zeug und stürzte aus dem Zimmer. Im nächsten Augenblick stand er in einem großen Kaufladen, in dem die beiden Männer, mit denen er getrunken hatte, scheinbar als Verkäufer arbeiteten.
»He, wo habt ihr mich hingeschafft und wo sind meine Kleider?« rief er wütend. Aber statt zu antworten, legten die beiden Männer die Finger auf die Lippen. Sie faßten den verblüfften Hirten am Arm und führten ihn dreimal schweigend durch das ganze Haus. Dem armen Mann verschlug es jetzt wirklich die Sprache, denn einen so herrlichen Palast hatte er noch nie gesehen. Überall standen und lagen Kostbarkeiten. Durch die Fenster blickte er auf eine Wasserfläche, in der sich andere große Paläste spiegelten. Doch schließlich wurde es ihm langweilig, und als einer der Männer ihn fragte: »Willst du jetzt wieder nach Hause?«, antwortete er sofort: »Natürlich will ich wieder nach Hause. Was soll ich denn hier in dem Prachtpalast, wo ich keinen Menschen kenne. Gebt mir bloß meine Hosen und meine Joppe wieder, damit ich endlich dieses unbequeme Zeug loswerde.«
»Du wirst alles wiederbekommen«, sagte der Kaufmann. »Und noch mehr dazu. Möchtest du lieber einen goldenen Hirsch oder einen goldenen Hasen?«
»Wenn ich schon gefragt werde, dann gebt mir den Hasen, der läuft schneller«, antwortete der Hirte, dem alles wie ein dummer Spaß vorkam. »Und jetzt laßt mich endlich

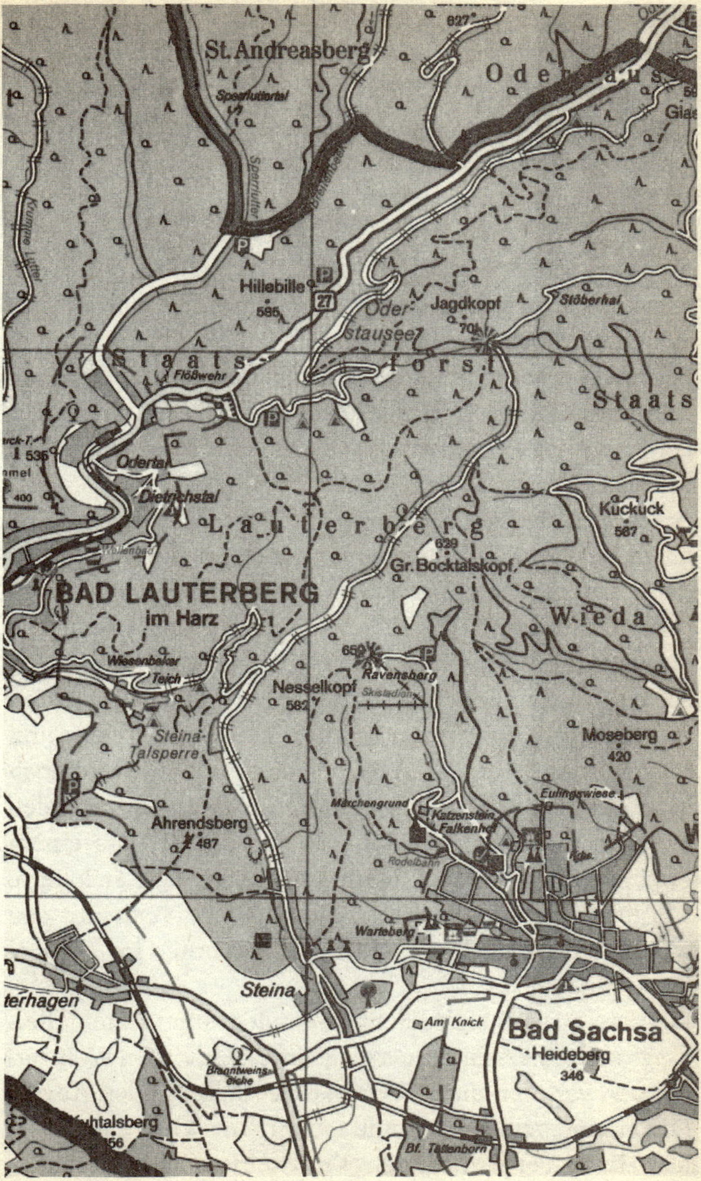

St. Andreasberg
Oder
Staats
forst
Lauterberg
BAD LAUTERBERG
im Harz
Wieda
Hillebille
Jagdkopf
Oderstausee
Flößwehr
Odertal
Dietrichstal
Kuckuck
Gr. Bocktalskopf
Nesselkopf
Ravensberg
Wiesenbeker Teich
Steina-Talsperre
Moseberg
Ahrendsberg
Märchengrund
Katzenstein
Falkenhof
Eulingswiese
Warteberg
Steina
Am Knick
Bad Sachsa
Heideberg
Branntweins-eiche
Bf. Tettenborn

gehen. Meine Kühe werden inzwischen schon sonst wohin gelaufen sein.« »Du wirst gleich wieder dort sein«, sagte der Kaufmann. »Falls du später doch wieder einmal Lust haben solltest, uns zu besuchen und dir ein paar Kostbarkeiten zu holen, dann berühre nur das Wasser vom Weingartenloch mit diesem Stein.«

Jetzt ging alles ganz schnell. Der Hirte spürte, wie ihm ein Stein in die Hand gedrückt wurde, dann schlief er ein. Als er wieder aufwachte, lag er hinter dem Eichenbusch beim Weingartenloch und hatte sein altes Hirtenzeug an. Kein Spiegel war über ihm, nur blauer Himmel, unter ihm kein besticktes Bettzeug, nur grünes Gras. Daß er aber nicht geträumt hatte, zeigten ihm der goldene Hase, der neben ihm lag, und der Stein in seiner Hand.

An seine Kühe dachte der Hirte nicht mehr, sondern er lief gleich ins Dorf. Dort hatte man schon nach ihm gesucht, denn das Vieh war tags zuvor allein nach Hause gekommen. Er verkaufte den goldenen Hasen für zweitausend Taler und lebte von dem Geld, ohne sich zu plagen.

Als das Geld zu Ende war, holte der Hirte den Stein hervor, den ihm der Kaufmann gegeben hatte, und drehte ihn unschlüssig in den Händen. Allein ins Weingartenloch hinabzusteigen, wagte er nicht. Deshalb zerschlug er den Stein in zwei Hälften und gab die eine Hälfte einem Freund. »Du mußt einfach mitkommen«, sagte er zu ihm. »Es lohnt sich allein schon, die herrliche Stadt mit den wunderbaren Palästen zu sehen, die da unten im Tümpel liegt.«

Der Freund ließ sich leicht überreden. Ihn reizten allerdings mehr die Schätze als die Paläste. Unten im Weingartenloch verloren die beiden Männer sich aus den Augen. Der Freund verschwand und tauchte nie wieder auf.

Der Hirte aber ist noch lange mit seinem halben Stein in

den Teich gestiegen. Immer brachte er irgendeine Kostbarkeit mit, von deren Erlös er eine ganze Weile gut lebte. Übrigens – für Schatzgräber war es klar: Die Stadt, die der Hirte gesehen hat, ist Venedig gewesen. Nachprüfen läßt sich das aber erst, wenn man den halben Stein wiedergefunden hat, mit dem man ins Weingartenloch hinabsteigen kann.

Zu einer anderen Zeit hatten sich zwei Männer mit dem Teufel verbündet, um die ungeheuren Schätze aus dem Weingartenloch zu bergen. Der Teufel, der in Gestalt eines riesigen Hundes unten im Teich saß, hatte ihnen zur Auflage gemacht, jedesmal, wenn sie nach den Schätzen tauchten, einen Dritten als Opfer mitzubringen. Elfmal waren die beiden Männer im Weingartenloch gewesen, und sie waren schwerreich dabei geworden. Elfmal hatten sie einen Dummen gefunden, den sie mit listigen Versprechungen in den Teich lockten und der dann von dem Teufelshund zerrissen wurde. Als sie zum zwölftenmal gehen wollten, fand sich niemand mehr, der bereit war, sie zu begleiten.

Ein junger Schlosser, der gerade geheiratet hatte und dringend Geld brauchte, ließ sich dann doch beschwatzen. Seiner Frau stieg aber von irgendwoher ein teuflischer Geruch in die Nase, und sie sagte zu ihm: »Du kannst doch nicht mit deinem alten, verschwitzten Hemd auf Schatzsuche gehen. Hier, zieh ein frisches an. Ich habe es gerade gewaschen und gebügelt.«

Der junge Mann zog das Hemd an, in das seine kluge Frau ihm heimlich Dill, wilden Majoran und Allermannsharnisch genäht hatte, Zauberkräuter, deren Geruch dem Teufel und den Hexen widerlich sind.

Die beiden Schatzheber und der Schlosser stiegen in das Weingartenloch. Auf dem Grund war – wie der junge

Mann später erzählte – noch einmal ein Wasser, über das eine steinerne Brücke führte. Ging man über die Brücke, kam man an eine eiserne Tür, die sich durch einen Zauberspruch öffnen ließ. Den Spruch kannte nur einer der Schatzgräber. Hinter der Tür lag eine riesige Höhle voller Gold und Perlen. Inmitten der Kostbarkeiten saß ein schwarzer Hund, der Teufel höchstpersönlich, der auf die Seele wartete, die ihm zugesagt war. Die Schatzheber rafften hastig so viel Gold zusammen, wie sie tragen konnten, und auch der Schlosser füllte seine Taschen. Als sich dann die beiden schäbigen Seelenverkäufer davonmachen und den jungen Mann seinem Schicksal überlassen wollten, hatten sie die Rechnung ohne den Teufel gemacht. Der war schon die ganze Zeit unwillig schnüffelnd um die drei herumgestrichen und weigerte sich nun entschieden, den Schlosser auch nur anzurühren, geschweige denn zu zerreissen.
»Der stinkt«, heulte er. »Der stinkt ganz erbärmlich. Entweder ihr entscheidet euch ganz schnell, wen von euch beiden ich kriege, oder ich fresse euch alle zwei.«
Was sollten die Schatzgräber machen? Sie losten, und der Teufel packte den Verlierer so wütend, daß die beiden anderen Männer entsetzt flohen.
Sie kamen zwar gut wieder aus dem Weingartenloch heraus, doch die eiserne Tür auf dem Grund blieb ihnen von dem Tag an verschlossen. Der Teufel hatte ausgerechnet den zerrissen, der den Zauberspruch gewußt hatte.
Es wird erzählt, daß sich auch in späteren Zeiten Leute aus Bad Gandersheim und Einbeck ins Weingartenloch hineingewagt hätten und mit großen Schätzen wieder herausgekommen seien. Es muß also noch weitere Mittel und Wege geben, an den scheinbar unerschöpflichen Schatz heranzukommen.

Die Zwerge in den Schweckhäuser Bergen

Zwischen Waake, Landolfshausen und Mackenrode, ganz in der Nähe von Göttingen, liegen die drei Schweckhäuser Berge. In ihnen sollen früher viele Zwerge gewohnt und in tiefen Höhlen Edelsteine, Gold und Silber angehäuft haben.

Heute sind die Zwerge verschwunden, und auch ihre Höhlen sind nicht mehr auffindbar. Damals aber kam es ab und zu sogar vor, daß die Zwerge Kontakt zu den Menschen aufnahmen. So erzählt eine Sage von der Liebe eines Zwerges zu einer schönen Hirtentochter. Die Geschichte läßt vermuten, daß früher wirklich Schätze in den Höhlen lagen.

Vor langer, langer Zeit arbeiteten bei einem der Herren von Schweckhausen ein Kuhhirte und ein Schäfer. Der Hirte hatte eine Tochter, der Schäfer hatte einen Sohn. Die beiden jungen Leute verliebten sich ineinander. Nun wollte aber auch ein Zwerg – nach menschlichen Maßstäben ziemlich mißgestaltet und häßlich – das schöne Hirtenmädchen zur Frau haben. Um ans Ziel zu kommen, wandte er eine ähnliche Methode an wie manche reiche Leute heutzutage. Er schleppte aus seinen Höhlen Edelsteine und Diamanten, Perlen und Gold heran und schenkte sie dem Mädchen. Es enttäuschte ihn allerdings, daß seine Gaben kaum Beachtung fanden. Das Mädchen liebte nun einmal seinen Schäfer. Es wußte aber auch, daß der Zwerg mächtig genug war, sie alle ins Unglück zu bringen, und fürchtete deshalb seine Nachstellungen. Glücklicherweise hatte das Kind die volle Unterstützung seiner Mutter. Die war eines Tages so verärgert über die häufigen Besuche des Zwerges, daß sie ihm rundheraus sagte:

»Ihr braucht nicht mehr zu kommen und meine Tochter zu belästigen. Auch wenn Ihr Euren ganzen Berg da unten ausräumt, wird sie Euch nicht heiraten.«

Der Zwerg antwortete ganz gelassen und selbstsicher: »So, meint Ihr das? Dann werde ich Euch einen kleinen Handel vorschlagen: Wenn Ihr herausbringt, wie ich heiße, will ich nicht mehr darauf bestehen, Eure Tochter zu heiraten, und nie wieder kommen. Wenn Ihr aber meinen Namen nicht herausbekommt, werde ich sie mit Gewalt zur Frau nehmen.« Damit ging er fort.

Der Zwerg wußte nicht, daß die Frau den jungen Schäfer schon öfter gebeten hatte, ihn im Auge zu behalten. Der junge Schäfer kannte mittlerweile den Heimweg des Zwerges, den Eingang zu dessen Wohnung hatte er aber noch nicht entdeckt.

An jenem Abend trieb er seine Herde zu dem Weg, den der Zwerg immer benutzte. Die Sonne ging schon unter, als der Schäfer den kleinen Gesellen, der fast so breit wie hoch war, endlich erblickte. Der Zwerg achtete gar nicht auf den jungen Mann, sondern ging, vergnügt vor sich hinsummend, vorbei.

Vorsichtig schlich der Schäfer ihm nach. Plötzlich sah er, wie der Zwerg auf einen Felsen trat und im selben Augenblick wie von der Erde verschluckt war. Der junge Mann ging nun ganz nah an den Felsen heran und erblickte dort, wo der Zwerg verschwunden war, eine wunder-

Mackenrode mit den Schweckhäuser Bergen im Hintergrund

schöne purpurrote Blume, die aussah wie ein Stern und herrlich duftete. Ganz tief unten im Berg hörte er ein Klingen, wie wenn Gold an Gold schlägt, und dazu ganz vernehmlich den Zwerg singen:
»Hier sitz' ich, Gold schnitz' ich. Ich heiße Holzrührlein, Bonneführlein. Wenn das die Mutter wüßt', so behielt' sie ihr Mägdelein.«
Der junge Schäfer wiederholte das Lied ein paarmal leise, um es sich genau einzuprägen. Dann lief er zu der Mutter seiner Liebsten und erzählte ihr alles.
Ein paar Tage lang ließ der Zwerg sich nicht blicken. Dann kam er ganz vergnügt in die Hütte des Hirten gestapft, blickte die Frau halb hämisch, halb verschmitzt an und fragte: »Na, wißt Ihr meinen Namen?«
Die Frau redete nicht lange herum. »Aber sicher«, sagte sie. »Du heißt Holzrührlein, Bonneführlein.«

Der Zwerg sah sie an, als könnte er es nicht fassen. Als sie aber seinen Namen wiederholte, seufzte er tief, trappelte ohne ein Wort zur Tür hinaus und ließ sich nie wieder blicken.

Auch die rote Blume blühte nicht mehr. Der Schäfer heiratete die Hirtentochter und war bis an sein Lebensende glücklich mit ihr.

Diese Sage ist nicht nur wahrscheinlich der Grundstoff für das Grimmsche Märchen vom Rumpelstilzchen, sondern auch ein ernstzunehmender Hinweis, daß in den Schweckhäuser Bergen noch allerhand Kostbarkeiten liegen. Wenn die Zwerge auch ausgezogen sind, sie werden nicht alle Schätze mitgenommen haben. Vielleicht ist die rote Blume der Schlüssel zu den verborgenen Höhlen. Wer in den Schweckhäuser Bergen spazierengeht, sollte an sie denken und die Augen offenhalten.

Vom Ringgaugebirge bis ins Lahntal

Hab keine Angst,
denk an den Schatz!

Die weiße Jungfrau auf der Boyneburg

Etwa sechzig Kilometer südöstlich von Kassel liegt im nordhessischen Bergland nahe der Grenze zur DDR die Stadt Sontra. Auf der Südseite des Ringgaugebirges stehen bei Sontra-Krauthausen die Ruinen der Boyneburg. Unter den Trümmern dieser Burg, auf der sich Kaiser Rotbart gerne aufhielt, sollen kostbare Schätze verborgen sein. Sie werden von einer weißen Jungfrau bewacht, deren Schicksal in zwei verschiedenen Versionen überliefert ist.

Nach der einen Fassung lebten in alten Zeiten auf der Boyneburg drei Fräulein. Das jüngste träumte eines Nachts, Gott habe beschlossen, daß eine von ihnen vom Blitz erschlagen werden solle. Als es am anderen Morgen den Traum bedrückt seinen Schwestern erzählte, war der Himmel heiter und wolkenlos. Mittags jedoch ballten sich dunkle Wolken zusammen und am Abend zog ein fürchterliches Gewitter auf. Die Blitze fielen so dicht, daß die Boyneburg wie in Feuer getaucht schien. Da sagte die älteste der Schwestern: »Was soll ich mich gegen Gottes Willen wehren. Wenn er mir den Tod bestimmt hat, muß ich es eben hinnehmen.«

Sie ließ sich einen Stuhl vor die Burg tragen und saß dort die ganze Nacht und den folgenden Tag über. Die Blitze zuckten pausenlos vom Himmel, aber keiner traf sie.

Da sagte am zweiten Tag die mittlere Schwester: »Wenn Gott nicht dich gemeint hat, dann wird er mich wollen. Ich werde seinem Willen gehorchen und den Tod auf mich nehmen.«

Sie ging ebenfalls vor die Burg und saß dort in der zweiten Nacht und den ganzen folgenden Tag. Doch auch sie traf kein Blitz, obwohl das Unwetter immer schlimmer wurde.

Da sagte die jüngste Schwester: »Ich hätte es gleich wissen sollen, als ich träumte. Gott wünscht meinen Tod. Jetzt kann ich nicht weiter so tun, als sei ich nicht angesprochen.«

Sie ließ sich das Abendmahl reichen und vermachte in ihrem Testament den Armen eine jährliche Spende, die in Form von Speck und Brot verteilt werden sollte. Als sie alles geregelt hatte, schritt die Jungfrau aus der Burg hinaus. Fast augenblicklich fuhr ein Blitz nieder und tötete sie.

In einer anderen Fassung der Sage wird von nur einem Fräulein berichtet, das mit seinen Eltern auf der Burg lebte. Schon bei der Geburt des Mädchens wurde prophezeit, daß es durch einen Blitz umkommen würde. Die Eltern versuchten, ihre Tochter zu schützen, und brachten sie in den unterirdischen Gewölben der Burg unter. Das Kind wuchs heran, und die Eltern glaubten schon, die Gefahr sei vorbei, als eines Tages ein Unwetter über das Land brach, das schrecklicher war als alle Naturkatastrophen, an die man sich erinnern konnte. Als das Donnern und Blitzen gar kein Ende nehmen wollte, sondern von Tag zu Tag schlimmer wurde, war allen klar, daß das Fräulein sich opfern mußte. Kaum war das junge Mädchen aus seinem Gewölbe hinaufgestiegen und vor die Burg gegangen, wurde es vom Blitz erschlagen. Das Wetter

beruhigte sich, und schon nach kurzer Zeit war der Himmel wieder blau.
Auch von dieser Jungfrau wird erzählt, daß sie vor ihrem Tod ihr Vermögen als jährliche Spende an die Armen festlegte.
Welche Sagenfassung nun auch die richtige ist – von dieser Zeit an läßt sich auf der Boyneburg die weiße Jungfrau sehen. Sie hütet nicht nur die verborgenen Schätze, sondern wacht auch streng über die jährliche Verteilung der Spende. Als man sie einmal vergaß, sollen die Geister so getobt haben, daß man das Versäumte schleunigst nachholte.
So hat sich dieser Brauch bis in die heutige Zeit erhalten. Jedes Jahr am Himmelfahrtstag wird auf der Boyneburg die Spende ausgeteilt und ein Gottesdienst gefeiert. Ein Stück Speck soll vor Blitzschlag schützen; ein Stück Brot soll bewirken, daß immer etwas zu essen im Haus ist.
Viele Hirten, Wanderer und Landarbeiter behaupteten, das weiße Fräulein gesehen zu haben. Einige von ihnen durften auch einen Blick auf die Schätze der Boyneburg werfen. Aber so viel Glück wie der Mann, der eines Tages in der Mauer ein mit Gold gefülltes Schubfach entdeckte, hatte bis heute keiner mehr.
Ein armer Schäfer, dem seine Hütte mit allem Hausrat gepfändet werden sollte, erhielt von der Jungfrau gerade so viel, daß er seine Schulden bezahlen und sein Bett und seine Kochtöpfe wieder auslösen konnte. Er hatte bei der Burg seine Schafe geweidet, als er im Sonnenschein an der Burgmauer ein Fräulein sitzen sah. Vor ihm lagen auf einem weißen Tuch Flachsknotten, die in der Sonne aufklinken sollten. Der Schäfer wunderte sich über das schöne Mädchen an dem einsamen Ort und ging zu ihm hin. Er hob ein paar Flachsknotten auf, drehte sie verlegen

Ruine Boyneburg bei Sontra

in den Händen und sagte: »Das sind aber schöne Knotten.« Als ihn das Fräulein daraufhin nur freundlich und erwartungsvoll ansah, wurde es dem Mann unheimlich. Er legte die Knotten wieder hin, rief nach seinem Vieh und trieb es hastig den Berg hinunter. Unterwegs drückte ihn etwas im Schuh. Als er den Schuh auszog, um die vermeintlichen Steine herauszuschütteln, fielen ihm fünf oder sechs Goldkörner entgegen. Es konnten nur Flachsknotten sein, die ihm in den Schuh gefallen waren und sich in Gold verwandelt hatten. Der Schäfer rannte zur Boyneburg zurück, doch das Fräulein saß nicht mehr dort, und die Flachsbüschel waren auch verschwunden.

Ein anderer Hirte fand an der Burg eine Blume, die er noch nie zuvor gesehen hatte. Er pflückte sie und steckte sie an seinen Hut. Da erschien die weiße Jungfrau und winkte dem Mann. Als er ihr folgte, tat sich zu seiner Überraschung der Berg vor ihm auf. Die Jungfrau führte ihn in einen großen Keller, in dem Edelsteine, Gold, Schmuck und Silbergeschirr in großen Mengen lagen. Sie sagte: »Nimm dir so viel davon, wie du tragen kannst.«

Das ließ sich der Schäfer nicht zweimal sagen. Er nahm seinen Hut ab, legte ihn auf die Seite und fing an, sich die Taschen vollzustopfen. Als nichts mehr hineinging, lief er, ohne sich noch einmal umzuschauen, zum Ausgang.

»Vergiß das Beste nicht!« rief das Fräulein ihm nach. Doch der Mann achtete nicht darauf. Was konnte es Besseres geben als die Schätze, die er in der Tasche trug? Kaum war er ins Freie gelangt, schloß sich hinter ihm der Berg, und das ganze Gold verschwand. Leer und ausgebeult hingen ihm die Taschen am Rock. Zu spät erkannte er, daß das Beste die Blume gewesen war, durch die sich der Berg geöffnet hatte. Aber die steckte an seinem Hut, und den hatte er in seiner Gier nach Gold im Berg liegenlassen.

Eine Witwe sah den sagenhaften Schatz durch ein Gitter. Als sie eines Tages für ihre Kuh Taubnesseln schnitt, die um die Boyneburg besonders üppig wuchsen, fiel sie in ein tiefes Loch, aus dem sie sich nicht selbst befreien konnte. Ihre Kinder suchten sie am Abend, fanden sie auf ihre Rufe hin und zogen sie mit Stricken aus dem Schacht heraus. Die Frau erzählte, daß unten im Berg ein Tisch sei, gedeckt mit edelsteinverziertem Silbergeschirr. Leider sei ein festes Gitter davor, so daß sie nicht an die Kostbarkeiten hatte herankommen können.
Die Kinder stiegen sogleich in das Loch, fanden aber nichts. Und so wie ihnen wird es wohl den meisten Leuten gehen, die auf der Boyneburg nach Schätzen suchen.

Die Homberger Jungfrauen

Am Knüllgebirge in Nordhessen liegt die Stadt Homberg an der Efze. Mitten in der Homberger Altstadt erhebt sich der Schloßberg. Das Schloß, das auf ihm stand, ist im Dreißigjährigen Krieg zerstört worden, aber man hat einige Teile seiner Anlage wieder aufgebaut.

Als das Schloß gestürmt wurde, sollen zwei Jungfrauen aus Angst vor den Soldaten in den tiefen Brunnen gesprungen sein, der heute noch erhalten ist. Jetzt gehen sie um und hüten die Schätze, die tief unter dem Schloß in verborgenen Gewölben aufgehäuft sein sollen. Erst wenn diese Schätze gehoben werden, sind die beiden Fräulein erlöst. Im Lauf der Jahrhunderte haben sie schon mancherlei versucht, um das zu erreichen.

Eine von ihnen geht ab und zu in der Schloßanlage um und strickt dabei mit goldenen Stricknadeln Strümpfe. Dann wieder winkt sie mit einem goldenen Schlüsselbund. Bisher hat aber anscheinend niemand gewagt, ihr zu folgen, denn es findet sich kein Bericht darüber, daß die sagenhaften Schätze gehoben wurden. Viele Schäfer haben erzählt, daß sie eine der Jungfrauen gesehen hätten. Meistens saß sie schön und traurig in der Sonne und bleichte Weizen. Manchmal winkte sie, wenn ein Schäfer sein Vieh vorbeitrieb. Doch kaum einer wagte, zu ihr hinzuschauen, und schon gar nicht, sie anzusprechen.

Schließlich soll einer doch so mutig gewesen und zu der Jungfrau hingegangen sein. Sie deutete immer wieder stumm auf den Weizen, und der Mann nahm eine Handvoll Körner und steckte sie in die Tasche. Als das Fräulein dann aber aufstand und ihm Zeichen machte, ihm durch ein eisernes Tor zu folgen, verließ den Schäfer der Mut. Er schüttelte heftig den Kopf und sah, daß er davonkam. Als der Schäfer seiner Frau von der Begegnung erzählte und ihr den Weizen zeigte, waren es lauter Goldkörner. Jetzt hatte er es natürlich eilig, wieder auf den Berg hinaufzukommen. Aber so oft er dort auch wartete, die Jungfrau zeigte sich ihm nie wieder.

Ein Mann aus Mardorf hätte die Jungfrauen fast erlöst. Als er eines Tages am Fuß des Schloßberges entlangging, sah er eine der beiden hinter der Hecke stehen. Sie sprach ihn an und sagte: »Bist du tapfer genug, um mich zu erlösen? Du wirst Geld für dein ganzes Leben bekommen.«

Der Mann bekreuzigte sich und antwortete: »Ich will es gerne versuchen.«

Die Jungfrau erklärte ihm genau, was er zu tun habe. »Ich werde dich an ein eisernes Tor begleiten, das in den Schloßberg führt. Dort stehen in versteckten Kellern, die kein Sterblicher ohne Zauberkraft findet, drei Fässer. Das erste Faß ist voll kupferner Münzen. Oben auf dem Faß liegt eine schwarze Katze mit roten Augen. Sie faucht dich an und tut so, als wolle sie dir das Gesicht zerkratzen.«

»Das macht mich nicht bange«, sagte der Mann. »Unsere Katzen zu Hause sind auch ganz schön wild.«

»Gut«, sagte die Jungfrau. »Wenn du mit festem Schritt auf das Faß zugehst und der Katze in die Augen blickst, springt sie herunter und tut dir nichts. Nimm drei Hände voll von den Münzen. Es dürfen nicht mehr und nicht weniger sein, sonst werde ich nicht erlöst.«

Die Homberger Altstadt mit Blick auf den Schloßberg

»Das merke ich mir schon«, sagte der Mann und wollte losmarschieren.

»Halt«, sagte die Jungfrau, »es ist ja noch mehr zu tun. In einem zweiten Faß liegen silberne Münzen. Sie werden von einem schwarzen Pudel bewacht. Der wird die Zähne blecken und so tun, als wolle er dich zerreissen. Zeig nur keine Angst, dann beißt er dich nicht. Nimm auch aus diesem Faß drei Hände voll Münzen. Nicht mehr und nicht weniger, sonst werde ich nicht erlöst. Dann kommst du an ein drittes Faß voll goldener Münzen. Darauf liegt eine riesige Schlange. Sie zischt dich an und tut so, als ob sie dich verschlingen wolle. Aber auch sie verschwindet, wenn du, ohne zu zögern, auf sie zugehst. Nimm auch hier dreimal von dem Gold. Nicht mehr und nicht weniger, sonst werde ich nicht erlöst. Wenn du das alles getan hast, bin ich befreit, der Keller mit den Schätzen wird sichtbar bleiben und jeder wird hineingehen können.«

Dem Mann kam das alles recht einfach vor. Seine einzige Sorge war, wie er ohne die Jungfrau wieder aus dem Berg herausfinden könnte.

»Das braucht dich nicht zu ängstigen«, sagte sie. »Du mußt nur darauf achten, daß du alles innerhalb einer Stunde erledigst, von dem Augenblick an, in dem ich dich zur eisernen Tür einlasse. Achtest du nicht auf die Zeit, wirst du im Berg eingeschlossen und mußt dort bleiben, bis ich einen anderen finde, der mich erlösen kann.«

»Ich werde bestimmt aufpassen«, sagte der Mann. »Darf ich einen Freund mitbringen?«

Das erlaubte ihm die Jungfrau, allerdings erst nach einigem Zögern. Sie beschwor ihn aber, nicht mit dem Finger auf sie zu zeigen.

Der Mann eilte heim und kam bald mit einem Freund wieder, dem er vertraute und der auch eine Uhr besaß. Als dieser die weiße Gestalt, von der ihm der Mann erzählt hatte, nicht sah, fragte er neugierig: »Wo ist sie denn, deine schöne weiße Jungfrau? Hast du mich angeführt?«

»Aber da steht sie doch!« antwortete der Mann beleidigt und wies mit dem Finger auf sie, worauf die arme Verdammte unerlöst mit einem Schrei verschwand.

Heute, wo ganze Scharen von Ausflüglern auf den Berg wandern, um in der Schloßgaststätte einzukehren, werden die Jungfrauen sich sicher nicht blicken lassen. Die Wahrscheinlichkeit, daß jemand mit dem Finger auf sie deutet, ist einfach zu groß.

Die Alten im Steinkippel

In der Nähe von Kestrich, einem Dorf, das heute zur Gemeinde Feldatal im Vogelsbergkreis gehört, erhebt sich der Steinkippel, eine runde bewaldete Kuppe, auf der überall große behauene Steine liegen.
Auf diesem Berg soll in alten Zeiten eine Raubritterburg gestanden haben. Die Leute erzählen, daß an einer Stelle des Steinkippels der Boden hohl klingt. Dort soll der Eingang zu einer Höhle sein.
Heimatforscher meinen allerdings, auf dem Steinkippel könne keine Burg gestanden haben. Sie vermuten dort eher eine uralte Stätte der Götterverehrung, die man in kriegerischen Zeiten als Fliehburg benutzte.
Wie auch immer: Der Sage nach soll auf dem Steinkippel eine wunderschöne Jungfrau auf ihre Erlösung warten und für ihren Befreier große Schätze bereithalten.
Den einzigen durch die Sage überlieferten Versuch, sie zu erlösen, machte vor etwa zweihundert Jahren ein Mann aus Windhausen, der dort zugezogen war. Nachdem er etwa sieben Jahre in dem Dorf gewohnt hatte, trat eines Nachts kurz vor zwölf Uhr eine sehr schöne, weißgekleidete junge Frau an sein Bett und erzählte ihm unter Schluchzen und Klagen folgende erstaunliche Geschichte: »Du bist seit tausend Jahren der erste Mensch, der mich erlösen kann. Sei barmherzig und versuche es. Es passiert

dir nichts, du brauchst keine Angst zu haben. Du wirst all die Schätze erhalten, die seit Menschengedenken im Steinkippel unter der Erde liegen.«

Als sie merkte, daß der Mann zögerte, wiederholte sie ihre Bitte noch ein paarmal mit großem Nachdruck und versuchte, ihm einen dicken Schlüsselbund in die Hand zu drücken, den sie von ihrem Gürtel löste. Aber so sehr sie auch bat und flehte, der Mann war nicht bereit, sich auf solch ein gewagtes Abenteuer einzulassen. Um Mitternacht verließ sie ihn tief betrübt. Als der Mann am Morgen aufwachte, kam ihm sein Erlebnis so seltsam vor, daß er annahm, er habe geträumt. Bald vergaß er die Geschichte.

Doch sieben Jahre später erschien die Jungfrau wieder und versuchte mit allen Mitteln, ihm den Schlüsselbund aufzudrängen. Der Mann gab auch diesmal nicht nach. Aber am nächsten Morgen überdachte er die ganze Sache und nahm sich vor, falls die Jungfrau noch einmal kommen sollte, die Schlüssel zu nehmen und zu sehen, was sie von ihm verlangte.

Wieder vergingen sieben Jahre, und wieder erschien die Jungfrau. Als der Mann die Schlüssel nun endlich nahm, weinte sie vor Freude.

»Zieh dich schnell an«, sagte sie. »Wir müssen gleich fort, denn wir haben nicht viel Zeit.« Der Mann hatte Mühe, ihr zu folgen, so schnell lief sie vor ihm her. Immer wieder trieb sie ihn an, sich zu beeilen. Am Steinkippel bahnten sie sich einen Weg durch das Gestrüpp und kamen schließlich an einen großen, flachen, viereckigen Stein. Der Mann trat auf den Stein, und es dröhnte dumpf, als ob der Berg darunter hohl wäre. Auf dem Stein stand eine funkelnde Silberkanne. Der Deckel war offen, und der Mann sah, daß sie bis zum Rand mit Goldstücken gefüllt war. Er hatte große Lust, sie mitzunehmen. Als er danach

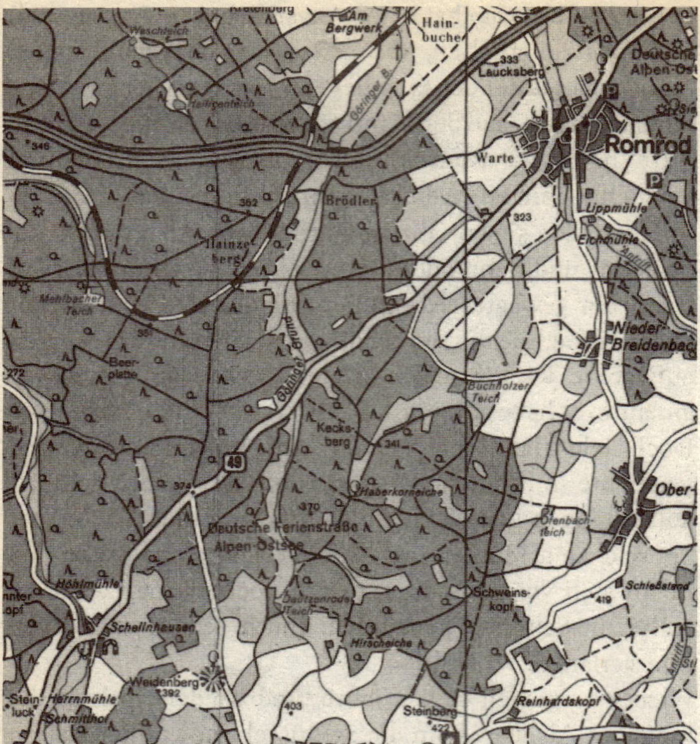

Am Bergwerk
Hain-
buche
333
Lucksberg
Romrod
Warte
Lippmühle
Eichmühle
323
Brödler
352
Hainze-
berg
349
Mehlbacher
Teich
351
Beer-
platte
272
Göringer B.
Nieder-
Breidenbac
Buchholzer
Teich
Kecks-
berg
341
Haberkorneiche
49
374
370
Deutsche Ferienstraße
Alpen-Ostsee
Ober-
Ofenbach-
teich
Schießstand
419
Höhlmühle
Schellnhausen
Schweins-
kopf
Hirscheiche
Weidenberg
392
Stein-
luck
Herrnmühle
Schmitthof
403
Steinberg
422
Reinhardskopf
Feldatal
Windhausen
Felda
Hitzmühle
Seifenmühle
389
Platte
Groß-
felda
Kestrich
386
Goldberg
Burg-
Wenners-
mühle
Zeilbach
Gerstenröder
Kopf
417
403
Bildsteins-
kopf
Höhe
412
Buch
382
Biehnes
435
420
Reithalle
Reitpl.
Stumpertenrod
Köddingen
Wolkenbrust

griff, sagte die Jungfrau: »Laß sie stehen. Sie ist nichts gegen das, was du noch sehen wirst.«

Sie führte ihn in eine Höhle, in der eine breite steinerne Treppe, taghell beleuchtet, fast senkrecht in die Tiefe führte. Nachdem der Mann hundert Stufen gezählt hatte, standen sie vor einer schweren eisenbeschlagenen Tür. Die Jungfrau zeigte ihm den Schlüssel, der in das alte verrostete Schloß paßte, und nach ein paar vergeblichen Versuchen sprang die Tür auf. Sie betraten ein hohes Gewölbe, in dem eine Ampel ein schwaches Licht gab. Es roch modrig, und von den Wänden tropfte Wasser.

Rechts von der Tür stand ein langer steinerner Tisch, an dem drei große breitschultrige Männer saßen. Sie hatten den Kopf auf die Arme gelegt und schienen zu schlafen. Als die Jungfrau und der Mann in das Gewölbe traten, blickten sie kurz auf, dann sank ihnen der Kopf wieder auf die Arme. Zu ihren Füßen, bis zur Höhe des Tisches, lagen Säcke aufgeschichtet.

Die Jungfrau sagte zu dem Mann: »Beeil dich, zieh einen der Säcke heraus, die da unter dem Tisch liegen.«

Der Mann zog aufs Geratewohl einen hervor, aber der war der Jungfrau nicht recht. Sie zerrte einen langen ledernen Sack herbei und half dem Mann ungeduldig, ihn auf die Schulter zu heben. Dann trieb sie den Windhausener mit allen Anzeichen der Furcht an, das Gewölbe zu verlassen. »Schnell, mach doch schnell, damit du noch rauskommst, ehe die Tür zufällt!« sagte sie.

Dem Mann wurde ganz ängstlich zumute, und er lief so schnell, wie es ihm mit dem schweren Sack möglich war. Das war sein Glück. Denn kaum hatte er die Eisentür hinter sich gelassen, als sie auch schon zuschlug und ihn so hart an der linken Ferse traf, daß er vor Schmerz aufschrie.

Doch das seltsame Abenteuer und der Gedanke an den großen Schatz, den er auf den Schultern trug, ließen ihn den Schmerz schnell vergessen. Er stieg die hundert Stufen wieder hinauf, wobei die Jungfrau, die ganz glücklich zu sein schien, fröhlich auf ihn einredete.

»Schon jetzt bist du sehr reich«, sagte sie. »Aber du wirst noch viel reicher werden. Denn all die vielen Säcke da unten mit den Kostbarkeiten sind für dich bestimmt. Wir werden sie nach und nach holen. Wenn das Gewölbe leer ist, sind die drei Alten und ich von dem bösen Fluch befreit.«

Als sie wieder oben auf dem Steinkippel angekommen waren, wollte der Mann gleich in sein Dorf zurückkehren. Aber die Jungfrau schlug die entgegengesetzte Richtung ein und winkte ihm, ihr zu folgen. Er wagte nicht, einfach seiner Wege zu gehen, also gehorchte er ihr. Sie durchquerten einen finsteren kleinen Wald und kamen auf ein wüstes Stück Land voll verkrüppelter Bäume. Hier bemerkte der Mann, daß ihnen ein unangenehm aussehender Geselle folgte, der ganz grün gekleidet war und einen grünen Hut mit einer roten Feder trug.

Er kam immer näher, und als der Mann sehen konnte, was für eine Miene der andere machte, fuhr ihm das Entsetzen in die Glieder. Auch die Jungfrau fürchtete sich, das sah er ganz deutlich. Deshalb fragte er sie voll Angst: »Um Gottes willen, sag mir doch, wer das ist?«

Mit zitternder Stimme antwortete sie: »Hab keine Angst, der gehört nicht zu uns. Der geht seine eigenen Wege. Denk an den großen Schatz, den du trägst, und versuch, dich um nichts anderes zu kümmern.«

Unterdessen war der grüngekleidete Geselle ganz nah herangekommen. Der Mann spürte plötzlich ein so furchtbares Grauen in sich aufsteigen, daß er kaum noch atmen konnte. Der Sack brannte ihm auf den Schultern. Ohne zu wissen, was er tat, riß er ihn herunter und warf ihn auf den Boden.

»Da hast du alles wieder«, schrie er die Jungfrau an und warf ihr auch den Schlüsselbund, den er die ganze Zeit in der Hand gehalten hatte, vor die Füße. »Ich will es nicht, und wenn ich mir dafür ein Königreich kaufen könnte. Laß mich ein für allemal in Ruhe. Ich will nichts mehr von dir wissen.« Da stieß die arme enttäuschte Jungfrau einen schrecklichen Schrei aus, erhob sich in die Luft und war verschwunden.

Dem Mann wurde schwarz vor Augen. Als er wieder zu sich kam, lag er daheim in seinem Bett. Er wollte aufstehen und sank stöhnend wieder in die Kissen zurück. Alle Glieder taten ihm weh. Seine Ferse war grün und blau und so geschwollen, daß er kaum laufen konnte.

Der Schmerz verging mit der Zeit, aber bis zu seinem Tode erschien dem Mann alle sieben Jahre die Jungfrau und bat und flehte, sie doch zu erlösen. Doch er blieb standhaft.

»Auf diesen Schätzen«, sagte er zu seinen Kindern, »ruht kein Segen. Deshalb will ich sie nicht haben.«

Noch an seinem Totenlager hörte die Familie, wie er mit jemand Unsichtbarem redete, der vor dem Bett stand. Es war die verwünschte Jungfrau, deren Erlösung jetzt in unerreichbare Ferne gerückt war.

Da niemand weiß, wann die Zeichen wieder günstig für die arme Person stehen, wird sie wohl noch warten müssen. An den Schatz kann man aber vielleicht auch auf andere Weise herankommen. Zum Beispiel wenn man untersucht, was sich hinter der hohlklingenden Stelle auf dem Steinkippel verbirgt.

Das goldene Lamm im Barfüßerkloster zu Grünberg

Die Ruine des Barfüßer- oder Franziskanerklosters in Grünberg liegt in der Barfüßergasse ganz in der Nähe des Schlosses. Das Kloster, das bereits 1250 in Aufzeichnungen erwähnt wird, gehört zu den ältesten Gebäuden der Stadt.

Als 1528 die Ordensregeln reformiert wurden, packten die Barfüßermönche ihre Bibliothek und die bewegliche Kircheneinrichtung zusammen und verließen das Kloster. Bei ihrem Auszug konnten sie nur einen Teil ihrer Schätze mitnehmen. Da sie jedoch nach einiger Zeit wieder in das Kloster zurückkehren wollten, vergruben sie – der Sage nach – eine Anzahl kostbarer Kirchengeräte und anderer wertvoller Dinge unter dem Fußboden der Kirche. Auch ein prächtiges goldenes Lamm mit der Kreuzesfahne soll dabeigewesen sein.

Die Mönche kamen nicht zurück. Ende des 16. Jahrhunderts war die Kirche verfallen, und an ihrem Platz wurden andere Gebäude errichtet.

Das goldene Lamm hütet noch immer den Schatz der Ordensbrüder und wartet darauf, aus seinem engen Gefängnis erlöst zu werden. Manchmal scheint es sich auch selbst zu befreien, denn einige Leute wollen es schon gesehen haben. Vor allem in der Adventszeit soll es nachts ganz ruhig durch den Klosterhof gehen. Man kann

Das Barfüßerkloster in Grünberg

es aber nur sehen, wenn man unter dem Arm hindurchschaut.
Es wird auch erzählt, daß mutige Männer versucht haben, den Schatz auszugraben. Fast wäre es ihnen geglückt. Tief unten in der Erde stießen sie auf eine metallene Platte, unter der die Kostbarkeiten liegen mußten. Aber die Arbeit hatte die Leute müde und durstig gemacht. Deshalb ließen sie in der Kirche alles liegen und gingen ins Wirtshaus, um etwas zu trinken. Als sie wieder zurückkamen, war der Kirchenboden wie leergefegt. Keine Grube war zu sehen, nicht die Spur von der eisernen Platte, gar nichts. Selbst die Hacken und Schaufeln waren verschwunden. Die Geister der Nacht hatten sie gestohlen.
Sonntagskinder können das Lamm an den Sonntagen vor Weihnachten sehen. Die Alten sagen allerdings, es habe sich schon lange nicht mehr gezeigt, weil in unserer Zeit niemand mehr an die Erscheinung glaube. Vielleicht ist aber nur der Umstand in Vergessenheit geraten, daß man dabei unter dem Arm hindurchschauen muß.

Das gescheckte Kühchen beim Kloster Pfannstiehl

Nur Fachleute können an den wenigen überwachsenen Mauerresten im Staatsforst zwischen Drommershausen und Hirschhausen bei Weilburg an der Lahn erkennen, daß hier früher einmal ein Gebäude gestanden hat. Es handelt sich bei ihm um die ehemalige Wallfahrtskirche Pfannstiehl, die 1489 errichtet wurde. Schon wenige Jahrzehnte nach seiner Fertigstellung fiel das Gotteshaus, das mit einem Kloster verbunden war, der Reformation zum Opfer.

Das Kloster Pfannstiehl muß in jenen Jahren sehr reich gewesen sein, denn es zahlte nur einen Heller weniger Steuern als der Fürst von Weilburg. Auch sollen in der Kirche des Klosters viele kostbare Glocken gehangen haben, die später in den umliegenden Kirchspielen wieder auftauchten. Und schließlich erzählt die Sage von einem großen Schatz an Geld, Goldsand, Goldmünzen und verwandelten Dukaten, der unter den Ruinen des »Panseler Klosters« liegen soll.

Ein Hirte, der vor langer Zeit im Pansel, einer Wiese in der Nähe des Klosters, seine Kühe hütete, hatte dort ein recht ungewöhnliches Erlebnis.

An einem Morgen im Spätsommer kam aus dem Wald ein weißgeschecktes Kühchen gelaufen, mischte sich unter die Herde und weidete mit. Am Abend, als der Hirte sein

Vieh wieder nach Hause trieb, trabte das Kühchen wieder zurück in den Wald. Das ging den ganzen Herbst über so. Morgens kam das Kühchen, abends verschwand es wieder. Da es friedlich war und die anderen Tiere in Ruhe ließ, duldete es der Hirte. Doch wurde er mit der Zeit neugierig, von wo es wohl herkommen mochte. Deshalb sagte er eines Abends – es war schon ziemlich gegen Ende des Viehtriebs – zu seinem Hütebuben: »Du, Borig, treib heute das Vieh allein nach Hause. Ich geh' mal dem Scheckchen nach.«

Er folgte dem Kühchen über die Äcker bis in den Wald, wo es in einer Bergschlucht verschwand. Der Hirte stieg dem Tier nach und kam an eine Höhle, in der zwei Männer Sand schöpften. »Gehört das Scheckchen euch?« fragte er sie.

»Ja, das ist unser Kühchen!« antworteten die Männer.

»Krieg' ich auch etwas dafür, daß ich es euch den ganzen Herbst über gehütet habe?« fragte der Hirte.

»Aber ja«, antworteten die Männer. »Komm nur her und halte deine Mütze auf.«

Der Hirte hielt seine Mütze hin, und die Männer schütteten Sand hinein. Das ärgerte den Hirten, aber er hatte Angst, sich mit den beiden anzulegen. Deshalb sagte er nichts, sondern drehte sich einfach um und ging davon. Unterwegs klopfte er den Sand aus seiner Mütze und setzte sie wieder auf. Am Abend hängte er sie wie gewöhnlich an den Nagel und hielt die Sache für erledigt.

Als der Hirte am nächsten Morgen seine Mütze wieder aufsetzen wollte, hingen an dem groben Wollstoff lauter blinkende kleine Klümpchen. Der Mann sah genauer hin und entdeckte, daß es pures Gold war. Sofort rannte er in den Wald, um die Stelle zu suchen, wo er den Sand ausgeschüttet hatte. Aber dort war nichts mehr. Auch die

»Klosterwüstung Pfannstiehl«, südliche Außenmauer

Männer in der Bergschlucht, ja selbst die Höhle, in der sie gearbeitet hatten, waren verschwunden.
Ein andermal ging ein Bauer aus dem Weiltal durch die Panseler Wiesen nach Drommershausen.
Dieser Mann, das muß man vorausschicken, war ein rechter Dappes, wie man in der Gegend sagt. In den Wiesen traf er auf einen Raben, der ihm zukrächzte: »Vergiß das Beste nicht!«
Der Bauer wunderte sich zwar über den sprechenden Vogel, da es aber in den alten Tagen mehr wunderbare Dinge gab als heute, kümmerte er sich nicht darum,

sondern ging weiter. Da sah er einen Hahn, der bei einem Häufchen Weizenkörnern stand. Auch der Hahn krähte: »Vergiß das Beste nicht!«

Der Bauer sah sich den Weizen an, da er aber nicht von der besten Sorte war, ließ er ihn liegen. Schließlich stolperte er über einen großen eisernen Ring. Als er ihn berührte, um ihn aufzuheben, öffnete sich eine schwere Falltür, hinter der eine Treppe in die Tiefe führte.

Der Bauer war zwar dumm, aber nicht ängstlich. Er stieg die Treppe hinab und kam in einen Raum, in dem ein schwarzer Mann an einem eisernen Tisch saß. Auf dem Tisch stand neben einer brennenden Kerze ein offenes Kästchen, das bis zum Rand mit Goldmünzen gefüllt war. Der Weiltaler guckte sich mit offenem Mund um, staunte und wollte wieder gehen. Da sagte der schwarze Mann zu ihm: »Vergiß das Beste nicht!«

Hätte unser Bauer nun geantwortet: »Gott gebe dir die ewige Ruhe!«, dann hätte der schwarze Mann ihm das Kästchen mit dem Gold gegeben.

Aber wie sollte der arme Kerl das wissen. Er stieg kopfschüttelnd und schimpfend die Treppe wieder hinauf, und zum Schluß schlug die Falltür ihm beide Fersen ab.

Das graue Weibchen von Heckholzhausen

In der Gemeinde Beselich bei Limburg an der Lahn liegt das Dorf Heckholzhausen. Dort stand in alten Zeiten auf einem Hügel eine Burg, deren Grundmauern 1843 noch erhalten waren. Später bebaute man den Platz, der »Burgschal« genannt wird, mit Wohnhäusern.
Als in Heckholzhausen das graue Weibchen noch umging, erzählte es allen Leuten von den außergewöhnlichen Schätzen, die unter den Ruinen der untergegangenen Burg liegen sollten. Es redete von Truhen, gefüllt mit Edelsteinen, von Fässern voll Gold, Kisten mit kostbaren Waffen, Säcken mit feinem Mehl und von Rotwein in seiner eigenen Haut. Doch es verschwieg dabei nicht, daß zwölf Geister diesen Reichtum bewachten und alles tun würden, um die Kostbarkeiten zu behalten.
Im Lauf der Jahrhunderte gab es immer wieder mutige Schatzgräber, die das am eigenen Leib erlebten. Zerschunden und zerkratzt kamen sie heim und versuchten kein zweites Mal, den Schatz zu heben.
Der Sage nach soll das graue Weibchen die Tochter eines Grafen gewesen sein, die einen Freier mit den Worten abwies: »Eher will ich grau wie Asche werden, als daß ich dich zum Mann nehme!«
Dieser leichtsinnige Satz wurde dem Mädchen zum Verhängnis. Der enttäuschte Ritter verfluchte das spröde

Fräulein und stürzte sich von einem Felsen in den Kerkerbach. »Dein Wunsch soll in Erfüllung gehen!« rief er und ertrank.
Die Burg verfiel, das Gesicht der Jungfrau verlor seine Schönheit, wurde grau wie Asche und bekam Falten. Ihr Körper wurde klein und krumm, und sie konnte nur langsam dahinschlurfen. Immer wieder versuchte sie, ihre eiskalten Hände zu wärmen. Doch selbst wenn das Weibchen sie auf eine rotglühende Herdplatte legte, wurden sie nicht warm. Den Leuten grauste es aber bei diesem Anblick.
Wer das graue Weibchen von seinem Fluch befreien will, muß als Kind in einer Wiege aus Kirschholz gelegen haben, das von einem Baum stammt, der auf dem Gelände der ehemaligen Burg gewachsen ist. Alle hundert Jahre wächst dort ein Kirschbaum.
Vor ein paar hundert Jahren hatte ein Schäfer die Möglichkeit, den Zauber zu lösen. Das Weibchen wies ihn an, über ihre linke Schulter zu schauen. Da erblickte der entsetzte Mann das Gerippe des im Kerkerbach ertrunkenen Ritters, das ihm mit einem großen Knochen drohte. Halbtot vor Angst starrte der Schäfer auf die Gebeine, ohne den Blick abwenden zu können. Da nieste das graue Weibchen. Geistesabwesend und mit zitternder Stimme wünschte der Schäfer ihr: »Helf Gott!« Das Weibchen nieste noch einmal. Der Schäfer wiederholte mechanisch seine Worte. Als es zum drittenmal nieste, erwachte er aus seiner Starre und rief: »Mag dir der Teufel helfen, wenn Gott es nicht will!«
Da jammerte das Weibchen: »Hättest du noch einmal deine Worte wiederholt, wäre ich erlöst gewesen. Jetzt muß ich wieder hundert Jahre warten.« Damit verschwand es.

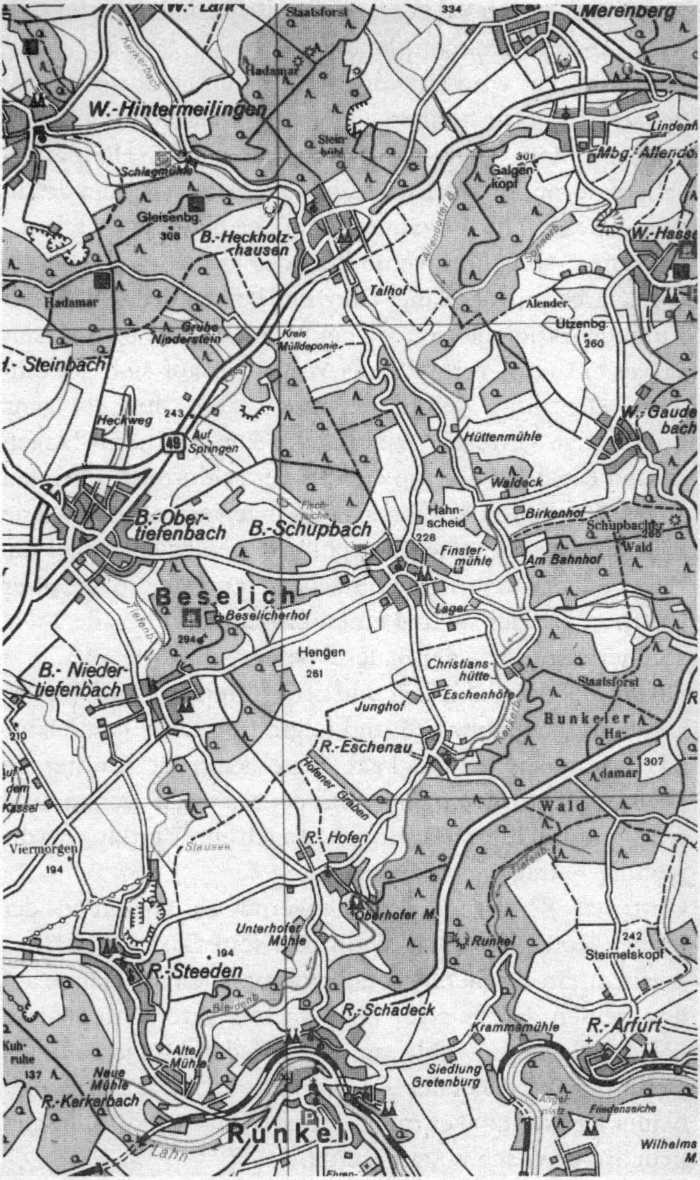

Staatsforst
334
Merenberg
Hadamar
W.-Hintermeilingen
Stein-
bühl
301
Galgen-
kopf
Schlagmühle
Gleisenbg.
308
B.-Heckholz-
hausen
Talhof
Alender
Hadamar
Utzenbg.
260
Grube
Niederstein
Kreis
Mülldeponie
Heckweg
243
49
Auf
Springen
Hüttenmühle
Waldeck
Hahn-
scheid
Birkenhof
Schupbacher
Wald
B.-Ober-
tiefenbach
B.-Schupbach
228
Finster-
mühle
Am Bahnhof
Beselich
Beselicherhof
294
Lager
Hengen
261
Christians-
hütte
Eschenhöfe
Staatsforst
B.- Nieder-
tiefenbach
Junghof
Bunkeler
Ha-
damar
210
R.-Eschenau
307
Hofener Graben
Wald
Viermorgen
194
R.-Hofen
Stausee
Oberhofer M.
Runkel
Unterhofer
Mühle
242
Steimelskopf
194
R.-Steeden
R.-Schadeck
Krammsmühle
R.-Arfurt
Alte
Mühle
Siedlung
Gretenburg
Kuh-
ruhe
137
Neue
Mühle
R.-Kerkerbach
Friedenseiche
Runkel
Lahn

Der Schäfer starb bald darauf. Der Ritter habe ihn zu sich ins Grab gezogen, meinten die Leute.

Ausführlicher wird ein anderer Versuch beschrieben, die Schätze zu heben. Anhand der sonst in Sagen unüblichen präzisen Zeit- und Namensangabe gelang Heimatforschern sogar der Nachweis, daß die Nachkommen des in dieser Geschichte erwähnten Mannes heute noch leben.

An einem trüben Novembertag des Jahres 1797 – so die Sage – arbeitete der Bauer Gottfried Bender in der Nähe der Ruine Heckholzhausen auf dem Feld. Um die Mittagszeit sah er ein altes verhutzeltes Weibchen auf sich zukommen. Der junge Mann erzählte später, ihm sei ganz unheimlich gewesen, wie die alte Frau in ihrem langen grauen Kleid, das ihr um den Körper schlotterte, über den angeschwollenen Kerkerbach gegangen sei, als ob da eine Brücke gewesen wäre. Sie schlurfte geradewegs über die Wiese auf den verwirrten Burschen zu und fragte ihn, ob er Gottfried Bender sei und einen Erbschlüssel besäße.

»Sicher!« stotterte der Bauer. »Beides stimmt!«

»Dann hol den Schlüssel und zeige ihn mir«, forderte das graue Weibchen ihn auf und folgte ihm zu seinem Haus. Als er ihm den Schlüssel gab, legte es ihn zuerst unter die Dachtraufe, untersuchte ihn danach sehr genau und steckte ihn schließlich ein. »Kann ich eine Zeitlang bei dir wohnen?« fragte es den Bauern.

Gottfried Bender stimmte zögernd zu. Während der ganzen Zeit, in der das Weibchen sein Gast war, saß es tagsüber am Küchenherd und wärmte sich die Hände auf der heißen Herdplatte. Die Nächte verbrachte es im Schafstall. Es war schlimm, wie es jeden Morgen aussah, wenn Gottfried Bender die Tür öffnete. Zerkratzt, voller blauer Flecke stand es mit zerzausten Haaren vor ihm und keuchte wie nach einem Kampf.

»Leider bewache ich die vergrabenen Schätze nicht allein«, erklärte es dem erschrockenen Bauern. »Deshalb muß ich mich mit den anderen zwölf Geistern herumstreiten. Sie wollen den Schatz nicht herausgeben. Aber ich kann ihnen durch den Erbschlüssel beweisen, daß du derjenige bist, durch den ich erlöst werden soll. Ich werde sie schon noch überzeugen.«

Das Dorf geriet über den Geist, der bei den Benders hauste, in große Erregung. Schließlich forderten die Leute den Bauern energisch auf, das graue Weibchen endlich wegzuschicken. Auch seine junge Frau wollte die Person loswerden, die ständig ihre Hände auf den Herd zwischen die Kochtöpfe legte, was sie schrecklich fand.

Gottfried Bender ließ sich überreden. Nachdem das graue Weibchen etwa zwei Wochen bei ihm gewohnt hatte, sagte er zu ihm: »Die Leute wollen, daß du fortgehst, und meine Frau will das auch. Da muß ich dich wohl bitten, daß du mein Haus verläßt und dir anderswo einen Unterschlupf suchst.«

Das Weibchen mit seinem grauen Gesicht sah ihn traurig an und sagte: »Schade, daß du mich fortschickst. Schade für dich und für mich. Ich war nahe daran, den Kampf mit den Geistern der Burg zu gewinnen. Nur ein einziger sperrte sich noch dagegen, die Schätze herauszugeben. Doch wenn du mich wegschickst, darf ich nicht mehr bleiben.«

Dem Bauern wurde klar, was er verlieren würde, wenn das graue Weibchen fortging. Deshalb sagte er: »Du hast recht. Ich habe mich beschwatzen lassen. Bleib so lange in meinem Haus, wie du willst!«

»Jetzt ist es zu spät«, erwiderte die alte Frau. »Du hast ausgesprochen, daß ich gehen muß, nun kann ich nicht mehr bleiben.«

Sie verließ den Hof und nahm den Erbschlüssel mit. Er ist bis heute nicht wieder aufgetaucht. Gottfried Bender blieb ein armer Mann.
Früher wurde in den Ruinen der Burg viel gegraben, doch niemand hat etwas gefunden. Erfahrene Schatzgräber warteten auf das Jahr 1897, weil sie hofften, das graue Weibchen werde zu diesem Zeitpunkt wieder erscheinen. Doch es ließ sich nicht blicken.
Niemand weiß, ob es 1997 kommen wird. Wenn es kommt, wundert es sich sicher über die Veränderungen auf dem Burgplatz. Und es wird schwer für die alte Frau sein, unter den Wohnhäusern die Stelle wiederzufinden, von der aus man an die Schätze der Burg gelangen kann.

Durchs Siegerland zum Westerwald und über den Rhein zur Eifel

Nimm aus der Kiste
den goldenen Becher!

Der Schatz auf dem Kindelsberg

Nördlich der Stadt Kreuztal im Siegerland liegt bei dem Dorf Krombach der Kindelsberg, auf dem in alten Zeiten innerhalb eines Ringwalles eine Burg gestanden haben soll.

Zur Zeit der Kreuzzüge lebten die Ritter auf dem Kindelsberg von einem Silberbergwerk in der Nähe. Sie waren so reich und übermütig, daß sie silberne Kugeln nach silbernen Kegeln rollen ließen. Als schließlich nach vielen Jahren der Silberstrom versiegte, verlegten sich die Ritter auf Wegelagerei.

Die Sage berichtet, daß die Burg in den siebziger Jahren des 13. Jahrhunderts untergegangen ist. Damals lebte ein besonders grausamer und bösartiger Ritter dort. In einer Zeit, in der viele Menschen an Hunger starben, ließ er Räder aus Brotteig an den Achsen seiner Wagen befestigen und fuhr damit herum, bis sie zerbrachen.

Eines Tages kam ein alter Pilger auf die Burg und bat um einen Teller Suppe und einen Platz zum Schlafen. Der Ritter dachte nicht daran, den Greis aufzunehmen.

»Hetzt die Hunde auf den alten Tagedieb!« befahl er seinen Leuten. »Das fehlt mir gerade noch, so ein Gesindel durchzufüttern.«

Die Knechte, die ebenso verroht waren wie ihr Herr, banden die Hunde los, die sich auf den alten Mann

Forst
Burgholdinghausen
Ziegenberg
521
Dohlen-
bruch
Breitenberg
534
Addebach
Erholungsheim
Siedlung
Rüsenhein
Dörrhöhe
508
Stiftswald
Keppel
Kranöchel
Rothenbacher
Hütte
Kolbenberg
443
Müsen
Hanwald
Kaiserlinde
Kindelsberg
Martinshardt
Markwald
Winterbach
Hörbach
Sieben
Eichen
508
Wilder
Stein
Höhberg
385
Rodenull
Jungwald
Dahlbruch
KREUZTAL
Lohe
Hillnhütten
Schweisfurth
Mahlbach
Ferndorf
Kredenbach
Lichtenhardt
Ferndorfbach
Mühlenkopf
Kilgeshahn
424
Sieger
berg
54
Langenau
Unglinghausen
418
Buschhütten
Buchen
Bottenbach
Obersetzen
Handb
Hungenberg
Sohlbach
Geisweid
Dillnhütten
Niedersetzen
Dreisbacher
Berg
Dreis-
Tiefenbach
Kallenberg
392

stürzten und ihn zerfleischten. Sterbend rief der Pilger: »Zur Strafe für diese unmenschliche Tat wird die Burg mit all ihren Bewohnern untergehen.«

Als man dem Ritter von der Prophezeiung erzählte, lachte er laut auf und sagte: »Das ist der größte Unsinn, den ich je gehört habe.« Und spöttisch fügte er hinzu: »Ich will es glauben, wenn heute abend ein Wolf mit einer Kuhglocke am Hals das Vieh heimbringt!«

Das Wunder geschah. Schon am frühen Nachmittag kehrte die Herde heim, geführt von einem großen Wolf, der die Glocke der Leitkuh umhängen hatte. Wie ein treuer Hund trieb er das Vieh in den Stall und verschwand wieder.

Gleichzeitig zog ein Sturm auf, und die Burg mit all ihren Bewohnern versank in unglaublich kurzer Zeit im Boden. Übrig blieben nur die Ringmauern, die man 1933 wieder ausgegraben hat.

Viele glauben, daß die ungeheuren Schätze, die in der Kindelsburg aufgehäuft waren, noch irgendwo tief unten in der Erde liegen müssen. Doch seit Jahrhunderten bemühen sich Schatzgräber vergeblich, an sie heranzukommen.

Einmal fand ein Hirte, der auf dem Kindelsberg sein Vieh weidete, eine seltsame Blume, die wie ein Schlüssel aussah. Man sagt, es sei Fichtenspargel *(Monotropa hypopytis)* gewesen, ein Parasit, der auf Baumwurzeln wächst. Als der Hirte sie pflückte, sah er plötzlich in dem Ringwall zwischen Moos und Steinen ein eisernes Tor. Er schloß es mit der Blume auf und kam durch einen langen dunklen Gang in ein Gewölbe, das von einer Ampel schwach erleuchtet war. Auf altertümlichen Schränken standen goldene und silberne Gefäße, und in mächtigen offenen Truhen lagen große Mengen alter Münzen.

Zwischen all diesen Kostbarkeiten saß auf einem Elfenbeinstuhl eine weißgekleidete Jungfrau. Sie sagte: »Greif nur zu! Du darfst dir so viel nehmen, wie du tragen kannst. Aber vergiß das Beste nicht!«
Der Hirte ließ sich nicht lange bitten. Gierig griff er mit beiden Händen in die Goldhaufen. Da aber die Jungfrau nicht aufhörte, ihn eindringlich zu ermahnen: »Vergiß das Beste nicht!«, sah er sich immer wieder um, ob er etwas noch Wertvolleres entdecken könnte. Doch es gab nichts Besseres als das, was er schon hatte. Also machte er sich eilig auf den Rückweg. Als er glücklich wieder aus dem Berg heraus war, atmete er erleichtert auf.
Er wollte seine Taschen ausleeren und das Gold zählen, doch da mußte er feststellen, daß alles verschwunden war. Sein ganzes Leben grübelte der Hirte darüber nach, was er falsch gemacht hatte. Und ob das Beste die Jungfrau oder die Blume gewesen war. Den Eingang zu dem Schatzgewölbe und auch die seltene Blume hat er nie wieder gefunden.
Ein anderer Hirte beobachtete einmal am Kindelsberg, wie sich eines seiner Schweine beim Wühlen vergeblich mit einem harten Gegenstand abmühte. Es war eine schöne Glocke. Sie wurde ins Tal gebracht und lange Zeit in Krombach als Sterbeglocke verwendet. Erst im vorigen Jahrhundert soll man sie eingeschmolzen und das Metall für ein größeres Geläute verwendet haben.

Das goldene Spinnrad in Burg Windeck

In Altwindeck im romantischen Windecker Ländchen zwischen Siegen und Siegburg liegt die Ruine der Burg Windeck. Die Burg wurde 1632 von den Schweden belagert und 1648 zerstört. Vor einiger Zeit hat man die Ruine restauriert, und heute ist sie ein beliebtes Ausflugsziel.

In alten Zeiten, als die Burg noch nicht zerstört war, brachte einer der Grafen Windeck von einem Kreuzzug seiner Frau ein wunderschönes goldenes Spinnrad mit. Ob er es aus dem Palast eines sarazenischen Königs raubte, oder ob kunstfertige Schmiede es aus dem Gold der Kriegsbeute anfertigten, ist nicht überliefert. Nur daß alle sich darüber einig waren, daß dieses Spinnrad ein ungewöhnliches Kunstwerk war, auf dem man leichter und feiner spinnen konnte als auf irgendeinem anderen Rad.

Die Gräfin freute sich sehr über das Geschenk und hütete es sorgfältig. Von ihr ging es an die Schwiegertochter über, mit der Auflage, daß es immer in der Familie bleiben müsse.

So haben viele Herrinnen von Windeck Flachs darauf gesponnen. Dann kam der Dreißigjährige Krieg und die Belagerung durch die Schweden. Als der Hunger die Burgbewohner zwang, sich zu ergeben, wollte die damalige Gräfin Windeck verhindern, daß das Spinnrad in die

Burgruine Windeck im Siegtal

Hände der Feinde fiel, und warf es kurzerhand in den Burgbrunnen.

Bei der Zerstörung der Burg wurde der Brunnen verschüttet. In einer der vielen Sagen um Windeck wird erzählt, daß die Gräfin nur sich selbst und ihren Mann retten konnte, den sie auf ihren Schultern ins Tal trug. Alle Schätze, also auch das goldene Spinnrad, blieben in den Ruinen der Burg zurück und wurden durch einen Fluch in die Erde gebannt. Wer diesen Fluch aufhebt, wird den Schatz bekommen.

Schatzgräber haben schon jedes erdenkliche Zaubermittel angewandt, um diese Schätze zu heben. Sie sollen auch die Stelle, an der das goldene Spinnrad liegt, gefunden und genau bezeichnet haben. Doch obwohl immer wieder metertief gegraben wurde, konnte man es bis heute nicht bergen. Weder der Landrat Danzier, der 1859 die Burg erwarb und bei Aufräumungsarbeiten unter dem Schutt uralte Gebrauchsgegenstände fand, noch die Arbeiter, die die Burgruine instand setzten, sind darauf gestoßen. Das goldene Spinnrad muß noch immer im Brunnenschacht unter den Trümmern der alten Burg verborgen sein.

Der vergrabene Schatz von Neitersen

Bei Neitersen an der Wied, nicht weit von Altenkirchen, lag unterhalb des Weilers Kahlhardt vor sehr langer Zeit eine sogenannte Fliehburg, eine künstliche Wallanlage, in der sich die Bewohner der Umgebung in Zeiten der Gefahr mit ihrem Vieh in Sicherheit brachten. Die wenigen Reste dieser Anlage verschwanden, als das Gelände Ende des vorigen Jahrhunderts unter verschiedene Besitzer aufgeteilt wurde.

Heute wissen nur noch wenige Leute, daß an dieser Stelle früher eine Wallanlage war. Vermutlich ist es nur der Sage von dem Schatz, der hier vergraben sein soll, zu verdanken, daß der Ort nicht ganz in Vergessenheit geraten ist.

In dieser Sage wird aus dem Schutzwall eine finstere mittelalterliche Burg, in der ein ebenso finsterer Ritter lebte, der im Lauf seines Lebens viele Schätze auf unredliche Weise dort zusammengetragen hatte.

Als nun der Papst zum Kreuzzug gegen die Türken aufrief und allen, die bereit waren, gegen die Heiden zu kämpfen, die Vergebung ihrer Sünden versprach, beschloß der Ritter, die gute Gelegenheit zu nützen. Sein Geld wollte er allerdings behalten. Deshalb legte er in der Nacht vor dem Aufbruch ins Heilige Land die wertvollsten Teile seines Schatzes in eine eiserne Kiste, die er auf dem Gelände der Burg vergrub. Doch so heimlich er auch vorging, ein paar

Knechte, die mit ihm ziehen sollten, beobachteten ihn bei der Arbeit. Sie konnten aber nicht genau erkennen, an welcher Stelle er die Kiste verschwinden ließ.
Jahre vergingen. Der Ritter kehrte nicht heim, und die Burg verfiel. Nur einige der Knechte kamen eines Tages zurück aus Palästina und erzählten, daß ihr Herr gefallen sei. Sie suchten auch nach dem vergrabenen Schatz. Als sie ihn nicht gleich fanden, verloren sie die Geduld und zogen wieder fort.
Doch das Gerücht vom Schatz zu Neitersen blieb und wurde in den Dörfern der Umgegend weitergetragen.
Im Dreißigjährigen Krieg flüchteten die Bewohner aus Kahlhardt. Fast alle kamen ums Leben. Nur eine einzige Familie kehrte später zurück in das zerstörte Dorf. Bettelarm, wie sie waren, erinnerten sie sich an den Schatz zu Neitersen. Warum sollten sie nicht versuchen, ihn zu finden?
Zwei Männer machten sich also eines Nachts auf die Suche. Der eine trug ein rotes Wams, der andere ein schwarzes. Lange gruben und hackten sie vergeblich auf dem Burggelände herum, bis sie endlich an einem Hügel auf einen festen Gegenstand stießen. Das mußte die eiserne Kiste mit dem Schatz sein. Gerade als sie sie packen wollten, hörten sie jemanden rufen: »Wen soll ich zuerst fassen, den mit dem roten oder den mit dem schwarzen Wams?«
Die beiden Schatzgräber fuhren entsetzt hoch und erblickten am Rand der Grube eine mächtige Gestalt in einer Ritterrüstung, die nach ihnen zu greifen schien. Schreiend rannten sie davon.
Als sie sich am folgenden Morgen vorsichtig dem Ort näherten, an dem sie gegraben hatten, war nichts mehr von ihrer Arbeit zu sehen. Die Grube war fort, und der

Westerwaldlandschaft bei Neitersen

Platz lag im hellen Sonnenschein völlig unberührt vor ihnen.

Es sprach sich schnell herum, daß der in Palästina gefallene Ritter als Geist seinen Schatz bewachte und die Leute erschreckte. Kaum jemand wagte den Versuch, die Kostbarkeiten zu holen. So ist es durchaus möglich, daß der Schatz noch immer an seinem Platz liegt.

Der Geist auf der Braunsburg

Bei Anhausen, einem Ort im Westerwald, der zu Rengsdorf gehört, liegen die wenigen Mauerreste der Ruine Braunsburg. Sie ist nur über das Anwesen des gleichnamigen Forsthauses zugänglich. So abgelegen und unscheinbar die Ruine auch ist: In einem unterirdischen Keller soll dort ein Schatz liegen, den die Wiedischen Grafen im Dreißigjährigen Krieg versteckt haben. Da die Räume – der Sage nach – von Wasser überflutet wurden und eingestürzt sind, war es bis heute unmöglich, diesen Schatz zu heben.

Auch in den dicken Wänden der Burg war Gold versteckt. Einer der Burgleute hatte es dort eingemauert. Er nutzte die unsicheren Kriegszeiten auf seine Weise und plünderte nicht nur Bauern und Reisende aus, sondern brachte auch manches wertvolle Stück seiner braunsburgischen Herren auf die Seite. Freude hatte er nicht an seinem unehrlich erworbenen Besitz. Er lebte in ständiger Angst, seine Diebereien könnten entdeckt werden. Deshalb öffnete er schließlich die Wände der Burg an mehreren Stellen und verbarg in ihnen seinen Schatz, den er in kleine Kisten verpackt hatte.

Durch die Sage weiß man, daß mindestens eines dieser Verstecke noch zu Lebzeiten des untreuen Vasallen gefunden wurde, und zwar von schwedischen Soldaten, die sich für kurze Zeit auf der Burg einquartiert hatten und in ihrer Zerstörungswut Steine aus den Wänden schlugen. Das raubte dem Mann fast den Verstand. Als die Schweden schon längst wieder abgezogen waren, wanderte er noch immer Tag und Nacht von Zimmer zu Zimmer und vergewisserte sich, ob seine Schätze noch hinter den Steinquadern lagen. Der Mangel an Schlaf und die Angst zehrten an seinem Körper. Er wurde krank und starb.

Auch nach seinem Tod wollte der Mann seine Inspektionsgänge nicht aufgeben: Nun wanderte er als Geist auf der Burg umher. Die Sage berichtet, daß eine Frau aus Anhausen, die auf der Burg beschäftigt war, den Spuk selbst erlebt hat. Wochenlang wurde sie von dem Geist gestört. Es begann damit, daß sie nachts Gepolter in den Zimmern hörte. Sie ließ deshalb immer ein Licht brennen. Einmal erwachte sie um Mitternacht und sah einen Mann, der auf einer Art Wolke die Wand entlangschwebte. Er verschwand auch nicht, als sie laut aufschrie. Lange Zeit erschien er jede Nacht zwischen zwölf und ein Uhr. Da er ihr aber nichts zuleide tat, gewöhnte sie sich allmählich an ihn.

Eines Nachts – so sagte die Frau später – habe sich neben ihr eine Wand geöffnet und ein ganzer Haufen Goldmünzen sei klingend auf den Boden gefallen. Leider habe sie nicht gewagt, das Gold aufzuheben. Es verschwand mit dem Geist, als der sich nach Mitternacht wie üblich in Luft auflöste. Die Frau sprach mit einem Freund über das Erlebnis, und der riet ihr, den Geist einfach anzusprechen.

Als der Geist in der folgenden Nacht wieder erschien, sagte die Frau vorsichtig: »Alle guten Geister loben den Herrn!«

Der Geist achtete gar nicht auf ihre Worte, sondern schaute nur mit ängstlichen Blicken auf die unzuverläs-

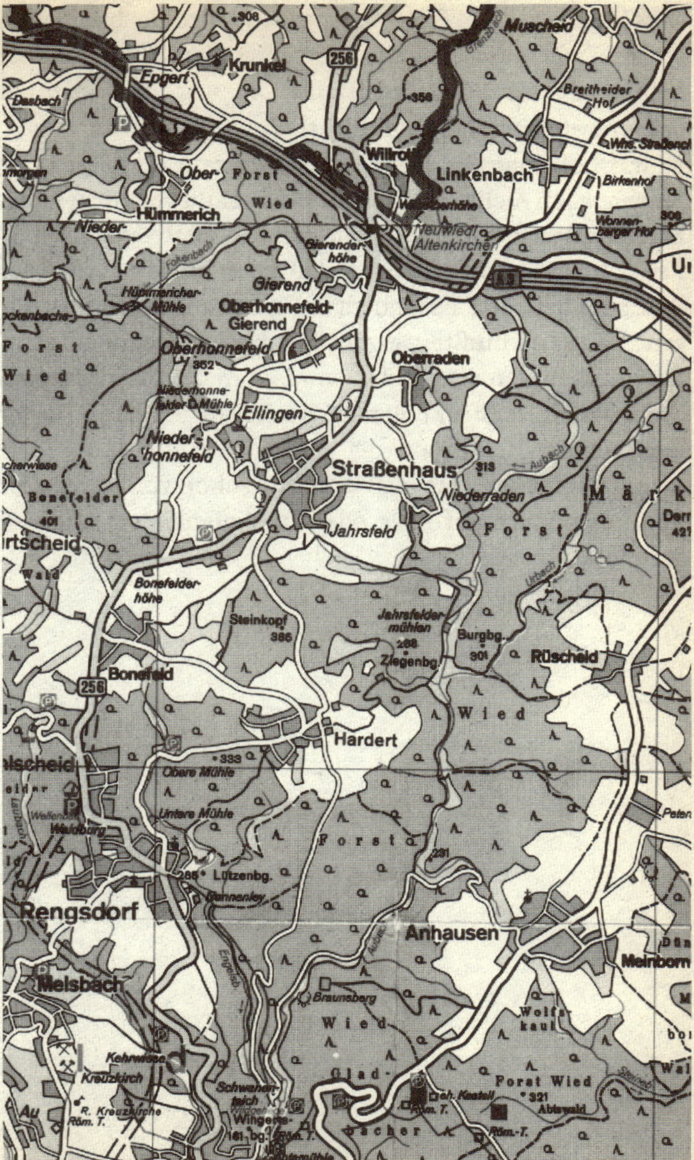
Muscheid
Krunkel
Epgert
Dasbach
Linkenbach
Hümmerich
Ober-
Nieder-
Forst
Wied
Birkenhof
Neuwied
Altenkirchen
Gierender-
höhe
Gierend
Hümmericher-
Mühle
Oberhonnefeld-
Gierend
Oberhonnefeld
Oberraden
Ellingen
Nieder-
honnefeld
Straßenhaus
Niederraden
Benefelder
Jahrsfeld
Forst
Bonefelder-
höhe
Steinkopf
Jahrsfelder-
mühlen
Ziegenbg.
Burgbg.
Rüscheid
Bonefeld
Wied
Hardert
Obere Mühle
Untere Mühle
Forst
Lützenbg.
Rengsdorf
Anhausen
Meinborn
Melsbach
Braunsberg
Wied
Wolfs-
kaul
Kehrwiese
Kreuzkirch
Glad-
bacher
Forst Wied
Abteiwald
Rotemühle

sige Wand, die das Gold freigegeben hatte. Er blieb auch stumm, als die Frau, mutiger geworden, fragte: »Was machst du hier? Was willst du von mir, daß du mich dauernd störst und beunruhigst?«
Es war hoffnungslos. Der Geist antwortete auf keine ihrer Fragen, auch nicht auf die, wo er sein Gold versteckt habe. Bald blieb er fort, und die Frau sah ihn nie wieder.
Es ist nicht auszuschließen, daß noch Schätze unter der Braunsburg liegen. Besonders die in den angeblich überfluteten Kellern müßten eigentlich noch vorhanden sein. Und falls in den eingestürzten Mauern der Burg wirklich Wertsachen versteckt waren, so liegen sie heute unter dem Schutt.
Denkbar ist aber auch, daß das Gold schon vor langer Zeit von Bewohnern der Burg oder durchziehenden Soldaten gefunden wurde.

Die schöne Frau auf der Löwenburg

Am östlichen Rand des Siebengebirges liegt eine Waldkuppe, die mit 455 Metern die zweithöchste Erhebung des Höhenzuges ist: die Löwenburg. Von der Burg auf ihrem Gipfel, in der 1543 der Erzbischof von Köln, Graf von Wied, und der Lutherfreund Melanchthon eine Kirchenordnung entwarfen, sind nur noch wenige Reste vorhanden. Unter dieser Ruine soll ein Schatz verborgen sein.

Vor etwa zweihundert Jahren hatte sich einmal ein Jäger, müde von der Jagd, in den Schatten der Burgmauer gelegt und war eingeschlafen. Ein Rauschen weckte ihn. Als er sich aufrichtete, rieb er sich verblüfft die Augen. Vor ihm stand eine sehr schöne junge Frau, die ebenso seltsame wie kostbare Kleider trug. Sie sprach kein Wort, sondern winkte ihm nur, ihr zu folgen.

Der Jäger erhob sich und ging hinter ihr her. Sie schritt langsam an der Burgmauer entlang und blieb an einer Stelle stehen, die von Efeu überwuchert war. Dort klopfte sie an einen Stein. Die Wand öffnete sich gerade so weit, daß sie hindurchschlüpfen konnten. Dem Jäger war zwar etwas ängstlich zumute, aber er folgte der schönen Dame. Sie betraten ein hohes Gewölbe. Drei kräftige Frauen saßen an einem großen Tisch, jede einen Berg Bohnen vor sich, die sie auslas. Auch der Fußboden war mit Unmengen von Bohnen in verschiedenen Farben bedeckt.

Das Siebengebirge, vom Rodderberg bei Mehlem aus gesehen

»Nimm dir von den Bohnen!« sagte die Jungfrau zu dem Jäger.

Weil sie endlich mit ihm sprach, war der junge Mann so froh, daß er aus reiner Gefälligkeit von jedem Haufen drei Bohnen nahm. Was sollte er auch mit mehr anfangen? Gute Saatbohnen waren es nicht, das hatte er gleich gesehen.

Die Jungfrau wartete noch eine Weile. Als der Jäger keine Anstalten machte, noch mehr Bohnen einzustecken, seufzte sie und führte ihn zurück an die Burgmauer. Dort verschwand sie, und auch der geheime Eingang zu dem Gewölbe war von einem Augenblick zum anderen nicht mehr zu sehen.

Der Jäger ging nach Hause und dachte dabei so sehnsüchtig an die schöne Frau, daß er die Bohnen darüber ganz vergaß. Als er sie schließlich am nächsten Tag aus der Tasche holte, hatten sie sich in Münzen verwandelt. Drei waren aus Kupfer, drei aus Silber und drei aus Gold.

Da merkte er erst, was er hätte gewinnen können. Aber es war zu spät. Zwar ging er immer wieder zur Burg und suchte nach der Schatzhüterin und dem Spalt in der Burgmauer, aber vergeblich.

Der Jäger bekam viel Geld für die alten Münzen. So viel, daß er sich einen kleinen Hof kaufen konnte. Doch heißt es, daß er sein ganzes Leben lang schwermütig gewesen sei und auch nicht geheiratet habe. Die Frau, die er nicht erlöst hat, ist ihm nie mehr aus dem Sinn gegangen.

Die Geldkiste in der Burg zu Frangenheim

Ein paar Kilometer nördlich von Zülpich liegt in der flachen Zülpicher Börde die Gemeinde Vettweiß. Noch Anfang des vorigen Jahrhunderts stand dort die Ruine der Burg von Frangenheim: eine fünf Meter hohe Mauer, die sich im nördlichen Teil der ursprünglichen Burganlage aus einem tiefen Wassergraben erhob. Der südliche Teil war damals schon eingeebnet und in Gärten umgewandelt worden. Heute ist das Gelände, auf dem sich die Überreste der Mauer befinden, Privatbesitz.

Als die Burg vor vielen hundert Jahren zerstört wurde – einige sagen, das sei im Dreißigjährigen Krieg gewesen, andere meinen, in den Raubkriegen der Franzosen –, hatten die Besitzer kein Geld, sie wiederaufzubauen, und verließen die Gegend.

Trotzdem waren alle Leute in der Umgebung überzeugt davon, daß in den unterirdischen Gewölben der Burg eine Geldkiste verborgen sei. Da dieser Schatz, wie man zu wissen glaubte, vom Teufel bewacht wurde, hatte niemand den Mut, ihn zu heben, aber die Bauern teilten den Grund, auf dem die zerstörte Burg stand, so unter sich auf, daß jeder mit einem Stück an dem ehemaligen Burggebäude beteiligt war. Damit wollten sie ausschließen, daß einer von ihnen den Schatz allein hob.

Es gibt Aufzeichnungen darüber, wie man den Schatz

gewinnen kann, dessen Lage alle sieben Jahre durch ein kleines Feuer angezeigt wird. Es muß Mitternacht sein, man darf nicht reden, und man muß Meßgewänder tragen. Zwar heißt es an anderer Stelle, es würde genügen, einen geweihten Rosenkranz auf das Feuer zu werfen, aber alle, die das getan haben, sind nur mit Schaden davongekommen, ohne den Schatz zu kriegen. So hat ein Mann aus Ginnick versucht, auf diese Weise die Geldkiste zu heben. Zusätzlich hatte er noch einen magischen Kreis um das Feuer gezogen. Doch da erschien ihm der Teufel in schrecklicher Gestalt. Der Mann stolperte vor Furcht und kam mit einem Finger aus dem Kreis heraus. Sofort schlug der Teufel ihm diesen Finger ab. Ein anderer büßte das gleiche Wagnis mit einem zerschmetterten Bein.

Man kann nun leicht behaupten, daß diese Leute eben auf laienhafte Art und ohne die geforderte Unterstützung der Kirche ans Werk gegangen seien und deshalb keinen Erfolg hatten. Aber auch ein Küster aus Vettweiß, der die Schatzhebung genau nach den alten Anweisungen betrieb, hatte kein Glück.

Als er eines Nachts das Feuer auf der Burg brennen sah, besorgte er sich eine Stola, einen Osterknopf, dazu Weihrauch und einen Wedel mit Weihwasser und machte sich mit zwei furchtlosen Nachbarn auf den Weg. Zunächst zog er an der Stelle, an der das Feuerchen glühte, einen magischen Kreis, besprengte ihn mit Weihwasser, zündete Weihrauch an und hängte sich die Stola um. So, hoffte er, würde der Teufel sich nicht an ihm vergreifen. Dann gruben die Männer fleißig und hatten bald ein Loch durch die Decke des unterirdischen Gewölbes gestoßen, in dem die Geldkiste stand. Da stellte der Teufel neben dem Kreis einen Galgen auf, doch die Männer ließen sich nicht stören.

Mauerreste der Burg von Frangenheim

In dem Augenblick, in dem der Küster seine Hand nach der Kiste ausstreckte, lief der Teufel mit einem Stock bewaffnet auf einen der Schatzgräber zu, der einen roten Rock trug, und schrie: »Den Roten muß ich haben, der muß an den Galgen.«
Der Mann war darüber so entsetzt, daß er kopflos aus dem Kreis herausrannte. Sofort sank die Kiste mit dem Geld tief in die Erde hinein. Der Küster, der ihr fassungslos nachsah, erhielt vom Teufel trotz seiner Schutzmaßnahmen mit einer eisernen Rute einen solchen Schlag auf die Hand, daß von der Zeit an seine Finger krumm und gelähmt waren.
Andere berichten, einer der Schatzgräber habe plötzlich gesehen, daß ein Mühlstein an einem seidenen Faden über

ihm hing. Der Mann soll voller Angst gerufen haben: »Isch maach mesch fott, jlickes fällt dä steng araver!«, was auf hochdeutsch heißt: Ich laufe fort, gleich fällt der Stein herab. Sofort verschwand der Stein, aber mit ihm auch die Geldkiste.

Man sieht: Es ist eine gefährliche Sache, den Schatz in der Frangenheimer Burg zu heben, über den selbst die Kirche keine Macht hat. Daß dort wirklich ein Schatz liegt, davon zeugt das Liedchen, das früher überall im Jülicher Land gesungen wurde:

Soller es et Ruppenöüs,
Frangem es de Jeldköüs,
Wies es et Rusedahl,
on Kettem es et Kruun dovan.

Soller ist das Raupennest,
Frangenheim ist die Geldkiste,
Vettweiß ist das Rosental,
und Kettenheim ist die Krone davon.

Der Schatz auf dem Nerother Kopf

Westlich von Daun in der Eifel liegt das Dörfchen Neroth. Ganz in seiner Nähe erhebt sich der Nerother Kopf, ein kegelförmiger Berg, auf dem die Reste einer Burg zu sehen sind.

Vor langer Zeit hat es einen Johann Hunz aus Neroth als Soldat in ferne Länder verschlagen, wo er auch in Gefangenschaft geriet. Es gelang ihm aber, auszubrechen und in einen Wald zu fliehen. Er irrte umher, bis er endlich vor einer schäbigen Hütte stand, in der ein alter Mann wohnte.

»He, Alter«, sagte Johann Hunz, »sag mir doch, wie ich von hier am schnellsten ins Trierer Land komme.«

»So ein Land kenne ich nicht einmal dem Namen nach«, antwortete der Alte. »Und ich weiß auch nicht, wo es liegt.«

Das wunderte den Johann Hunz. Hatte er doch immer gemeint, sein Heimatland müsse für alle Menschen ein Begriff sein. »Vielleicht weiß es mein Vater«, meinte der Alte schließlich. »Er ist weiter in der Welt herumgekommen als ich.«

Er ging mit Johann Hunz tiefer in den Wald zu einer Hütte, in der ein Mann herumwirtschaftete, der noch älter war. »Weißt du, wo das Trierer Land ist, Vater?« fragte der alte Mann den Greis. »Der Soldat hier will es wissen.«

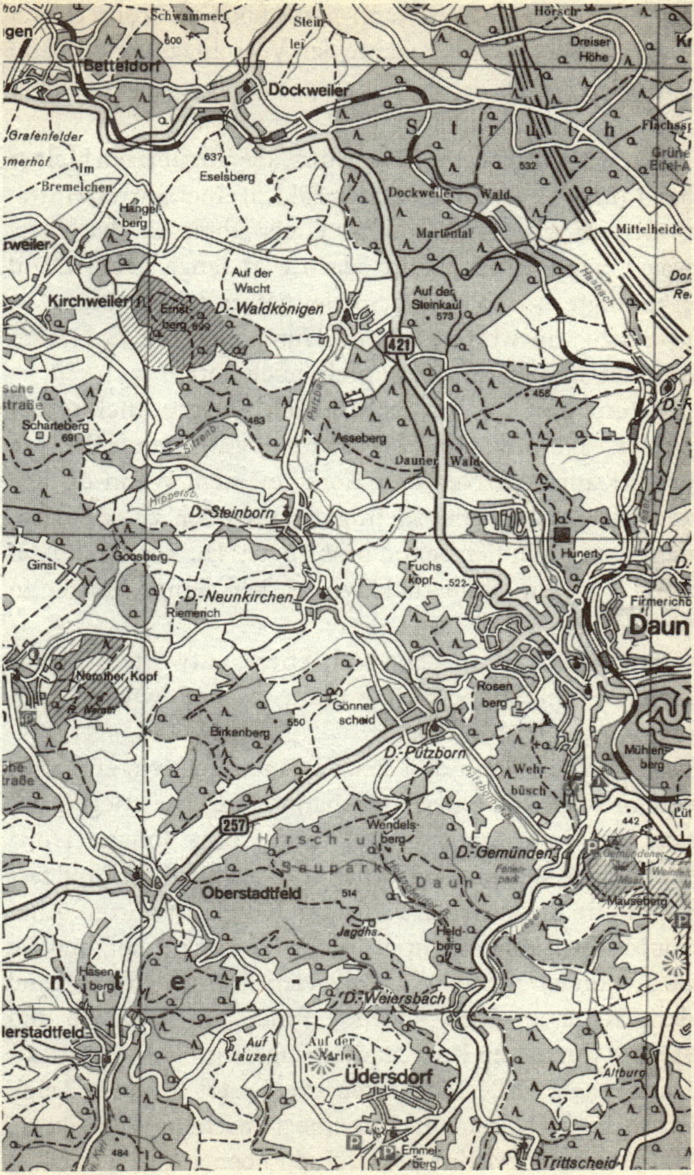
Schwammert
Stein
lei
600
Betteldorf
Dockweiler
Hörsch
Dreiser
Höhe
S t r u t h
Grafenfelder
Im
Bremelchen
637
Eselsberg
Hangel-
berg
532
Dockweiler
Wald
Martental
Mittelheide
Auf der
Wacht
Kirchweiler
Ernst-
berg 699
D.-Waldkönigen
Auf der
Steinkaul
573
421
458
Scharteberg
691
483
Asseberg
Dauner Wald
D.-Steinborn
Hunert
Goosberg
Ginst
Fuchs
kopf
522
D.-Neunkirchen
Riemerich
Firmerich
Daun
Nerother Kopf
Rosen
berg
Gönner
scheid
550
Birkenberg
D.-Pützborn
Wehr
büsch
Mühlen
berg
442
257
Hirsch-u.
Saupark
Daun
Wendels-
berg
D.-Gemünden
Ferien-
park
Oberstadtfeld
514
Jagdhs.
Held-
berg
Mauseberg
Hasen
berg
D.-Weiersbach
Auf
Lauzert
Üdersdorf
Altburg
Emmel-
berg
Trittscheid
484

Aber auch dieser alte Mann hatte noch nie vom Trierer Land gehört. Auch er machte den Vorschlag, seinen Vater zu fragen. Wenn der es allerdings auch nicht wisse, dann gäbe es dieses Land nicht.

»Ha«, machte da der Johann Hunz, aber im übrigen hielt er den Mund. Die Männer kamen bald zu einer dritten Hütte, in der ein wirklich steinalter Greis lebte. Als der hörte, was Johann Hunz wollte, dachte er lange nach. Dann erkundigte er sich nach dem Heimatort des Soldaten.

»Neroth«, antwortete Johann Hunz. »Ich bin in Neroth geboren, und meine Mutter lebt noch dort.«

»Warum hast du das nicht gleich gesagt«, meinte der Uralte. »Neroth kenne ich natürlich gut, denn früher bin ich oft auf dem Nerother Kopf gewesen. Wenn du mir versprichst, dort eine Kleinigkeit für mich zu erledigen, dann kann ich dich schon hinbringen. Du könntest dann noch vor dem Frühstück wieder bei deiner Mutter in Neroth sein.«

»Sag nur, was ich machen soll, Alter«, antwortete Johann Hunz. »Hauptsache, ich komme gesund wieder nach Hause.«

Da holte der Mann drei Böcke. Einen für sich, einen für seinen Sohn und einen für Johann Hunz. Sie stiegen auf, und die Tiere erhoben sich in die Luft. Johann Hunz klammerte sich an die Hörner und machte den Mund fest zu, als sie in sausender Fahrt durch die Luft glitten. Kurz vor Mitternacht erreichten sie den Nerother Kopf, und die Böcke landeten neben einem Teich. Der alte Mann band dem Soldaten einen seidenen Faden um den Leib und steckte ihm einen Ring an den Finger.

Dann sagte er: »Ich werde dich jetzt in den Teich hinablassen. Unten wirst du eine Tür sehen. Wenn du sie mit dem Ring berührst, den ich dir eben angesteckt habe,

springt sie auf. Durch einen Gang kommst du dann in ein Zimmer, in dem eine Kiste steht. Nimm aus dieser Kiste den goldenen Becher und so viele andere Kostbarkeiten, wie du tragen kannst. Hab keine Angst vor dem großen zottigen Hund mit den glühenden Augen, der auf der Kiste sitzt. Wenn du ihn mit dem Ring berührst, wird er herunterspringen und sich in eine Ecke verkriechen.«
»Ist das alles? Dann kann's ja losgehen!« sagte Johann Hunz und war schon mit den Füßen im Wasser.
»Paß auf, daß du in einer Stunde fertig bist. Brauchst du länger, wirst du das Tageslicht nie wiedersehen.«
Der Soldat fand auf dem Grund des Teiches alles so, wie der alte Mann es ihm beschrieben hatte. Nur in dem Zimmer war nicht allein der große zottige Hund, sondern auch noch mehrere Herren in altmodischer Kleidung. Da sie aber ruhig an einem Tisch saßen und Karten spielten, kümmerte sich Johann Hunz nicht um sie, sondern ging schnell auf die Kiste zu und berührte den Hund mit dem Ring. Das Tier verkroch sich in die nächste Ecke. Der Soldat nahm den goldenen Becher, stopfte sich die Taschen mit Schätzen so voll, wie es nur ging, und machte sich wieder auf den Rückweg. Diese Kaltblütigkeit war sein Glück, denn die Stunde war schneller vergangen, als er gedacht hatte. Kaum hatte er die Tür wieder hinter sich, fiel sie zu, so heftig, daß sie ihn am Fuß traf und er sein Leben lang hinken mußte.
Aber, so dachte er später, als er das Abenteuer glücklich überstanden hatte, das war wohl das kleinere Übel. Wie leicht hätte es ihm passieren können, daß er mit den Herren unten im Teich jahrtausendelang hätte Karten spielen müssen. Das wäre ihm sicher langweilig geworden.
Der Alte zog den Soldaten an dem seidenen Faden wieder

herauf, nahm den goldenen Becher an sich und verschwand mit seinem Sohn auf die gleiche Weise, wie sie gekommen waren. Johann Hunz stand allein auf dem Nerother Kopf, die Taschen voller Gold. Er lief den Berg hinab nach Neroth. Als er sein Elternhaus betrat, stand seine Mutter am Herd und rührte den Haferbrei fürs Frühstück.

Mit dem Geld, das er für seine Schätze bekam, fing Johann Hunz einen Handel an und war bald ein reicher Mann.

In einer anderen Sage wird berichtet, daß Johann Hunz unter einem bestimmten Stein auf der Hochacht eine Schlange aufheben mußte, die sich in einen goldenen Schlüssel verwandelte. Damit hat er mehrere Male einen Keller aufgeschlossen, in dem große Schätze lagen. Nach einiger Zeit wollte sein Bruder wissen, woher das Geld kam, und schlich Johann Hunz nach. Als er den Stein aufhob, erschrak er so vor der Schlange, daß er ihn fluchend wieder fallen ließ. Ob er die Schlange verletzt hat, oder ob es am Fluchen gelegen hat – auf jeden Fall war es von diesem Tag an mit dem Geldsegen vorbei.

Wer Lust hat, die Schätze, die im Nerother Kopf liegen, zu heben, muß entweder den alten Zauberer mit seinen Böcken finden oder auf die Suche nach dem Stein gehen. Aber er darf sich nicht vor Schlangen fürchten.

Schätze zwischen Nahe und Pfälzer Wald

Du kannst mich erlösen
und sehr reich dabei werden!

Die verwünschte Prinzessin im Vorkastell

Zwei gute Fußstunden nordwestlich von Birkenfeld erhebt sich bei Börfink im Schwarzwälder Hochwald eine imposante Ansammlung von großen Quarzsteinen: der Ringwall Vorkastell, vermutlich eine keltische Fliehburg aus dem ersten vorchristlichen Jahrhundert.

Die gewaltigen Felsen, die weit um das Vorkastell verstreut sind, hielten die Leute für die Trümmer einer mächtigen Burg, die bei einer unvorstellbaren Katastrophe zerstört wurde. In alten Sagen wird von unermeßlichen Schätzen erzählt, die in den verschütteten Kellern dieser Burg liegen sollen, und von Wein, der in seiner eigenen Haut schwappt, weil die Eichenwände der Fässer schon längst verfault sind.

In einem der Gewölbe steht sogar eine kostbare Kutsche mit einer goldenen Deichsel. In der Kutsche sitzt eine verwünschte Prinzessin und wartet auf ihre Erlösung. Die Kutsche soll nah an einem Ausgang stehen, und man könnte sie leicht herausziehen, wenn man wüßte, wo dieser Ausgang ist. Es gibt aber auch noch einen anderen Weg in das Gewölbe. Man kann durch einen langen engen Gang kriechen bis zu der Stelle, wo die Kutsche steht. Unglücklicherweise hängt am Ende des Ganges einer dieser Mühlsteine an seidenem Faden, die den Schatzsuchern zu allen Zeiten ihre Arbeit so erschwert haben.

Im Gebiet des Ringwalls »Vorkastell«

Neben diesem Mühlstein steht ein häßlicher Riese und tut so, als wolle er den Faden genau in dem Augenblick durchtrennen, in dem der Schatzsucher unter dem Mühlstein durchschlüpft.

Wenn jemand sagt, daß der Riese nur ein Blendwerk des Teufels ist und den Faden nicht durchschneiden wird, so ist das sicher richtig. Es ist auch richtig, daß allen Leuten, die bis zu dieser Stelle in dem langen Gang gekommen sind, versprochen wurde, ihnen würde nichts passieren. Aber diesen Versicherungen scheint bis heute niemand getraut zu haben, sonst wäre die Prinzessin längst befreit und die Kutsche stünde – wahrscheinlich ohne die goldene Deichsel – in einem Museum.

Die gekrönte Schlange im Äppelbachtal

Nordwestlich von Sobernheim an der Nahe liegt die Stadt Seesbach. Von dort führt durch das Äppelbachtal eine Straße nach Simmertal, mitten durch ein Gebiet, das früher Dunselwiese hieß. Heute ist an dieser Stelle von einer Wiese nichts mehr zu sehen, die Straße ist asphaltiert und das Gelände aufgeforstet.

Wie die Sage berichtet, waren auf der Dunselwiese früher zwei Brunnen. In einem von ihnen wurde vor langer Zeit ein Schatz versenkt, eine Kassette voll mit Kostbarkeiten. Heben läßt sich dieser Schatz nur in einer ganz bestimmten mondhellen Nacht. Wenn es in dieser Nacht zwölf Uhr schlägt, fängt das Wasser in dem Brunnen, in dem der Schatz liegt, stark zu rauschen an, und die Kassette steigt aus der Tiefe empor an die Wasseroberfläche. Gleichzeitig kriecht eine Schlange herbei mit einer goldenen Krone auf dem Kopf und einem Schlüssel zwischen ihren Giftzähnen. Wenn man der Schlange den Schlüssel wegnimmt und die Kassette damit öffnet, wird man nicht nur reich, sondern erlöst auch eine verwünschte Person, deren Name und Herkunft unbekannt sind.

Es gibt noch eine Quelle oberhalb der Straße durch das Äppelbachtal. Ob sie mit dem Brunnen identisch ist, der den Schatz birgt, geht aus den Sagen nicht hervor.

Früher, als durch das Tal nur ein Fußweg führte, war dort

Staatsforst
Ensborn
Gehlweiler
Am Wald
Alteburg
Forsthaus Leidenshaus
Koppensteiner Höhe
R. Koppenstein
Winnheck
Brummenmühle
Kirchberg
Nahe-Wein-Straße
Anzenfelder-mühle
Henau
Schwarzerdener Höhe
Erholungsg
Schwarzerden
Forsthaus Seesbach
Königsau
Weitersborn
Rippesmühle
Kellenbach
Forsthaus Lützelsoon
Weißbecker
Birkenkopf
Nahe-Kellenbachtal
Staatsforst
Entenpfuhl
Heisterbeck
Soonwald
Reimersberg
Eignerhof
Heinzenberg
Brauweiler
Habichtskopf
Heringskopf
Heinzenberger Gesellschaftsmühle
Horbach
Königshof
Staatsforst
Haumühle
Nahehöhenweg
Simmertal
Schloß Dhaun
Karlshof
R. Brunkenstein
Hochstetten
Bergmühle
Flachsberg
Martinstein
Oberhausen b. Kirn
Itzebacherhof
Waldhof
Simmerhammer
Schillerbg.
Dhaun
Franzhof
Peterhof
Hochstetten
Hochstädterhammer
Haus Römer
Waldeck
St. Johannisberg
Hochstädten
KIRN
Staatsforst Kirn
Nahe
Nahe-Wein-Straße
Hellberg
Strütherwald
Nauenberg
Hall
Neuer Wald
Meckenbach
Heidpfühlchen
Sperrberg
Kirner

um Mitternacht oft ein gespenstischer Reiter auf einem Schimmel zu sehen. Auch Geschrei war zu hören und zuweilen ein sehr unheimliches Geräusch: als wälze sich jemand auf dem Boden.

Ob diese Spukgeschichten in Zusammenhang mit dem Gold in der Quelle stehen, ist nicht überliefert. Die Schlange aber ist möglicherweise aus der Gegend verschwunden, als 1926/27 die Straße bei der Dunselwiese gebaut wurde.

Der Schatz vom Kloster Disibodenberg

Zwei Kilometer nördlich von Odernheim am Glan liegen auf einem breiten Bergrücken die Überreste der Abtei Disibodenberg. Endgültig zerstört wurde das ehemals sehr reiche Kloster während der Französischen Revolution, aber der Verfall begann schon 1648. Wer in den benachbarten Ortschaften ein Haus baute, holte sich die Steine vom Disibodenberg. Auch die Pfeiler der Landgrafenbrücke wurden daraus erbaut. In den vierziger Jahren des vorigen Jahrhunderts erwarb ein Herr Wannemann sich große Verdienste, indem er den Schutt entfernte und die Ruine wieder zugänglich machte.

Das Kloster Disibodenberg war der Sage nach von dem irischen Bischof Disibodus gegründet worden, der dem Ruf eines Engels gefolgt war. Kloster und Kirche entstanden auf Befehl des Engels dort, wo ein weißes Reh eine Quelle aus dem Boden scharrte und der Pilgerstab des Bischofs zu grünen begann.

Das Kloster erlebte wechselvolle Zeiten. Im Jahr 1504 wurde es von kurpfälzischen Truppen überfallen. Als die Soldaten sich näherten, ließ der Abt heimlich alle wertvollen Sachen im Keller vergraben. Ein Pförtner beobachtete das und verriet das Versteck später an die beiden Hauptleute der Kurpfälzer. Statt den Mann zu belohnen, hängte man ihn an der Klosterpforte auf.

Klosterruine Disibodenberg

Seit dieser Zeit hält sich in der Umgebung von Disibodenberg das Gerücht, die Kurpfälzer hätten nicht alle Schätze gefunden. Das Kästchen, das den Hauptleuten durch den Verrat in die Hände fiel, habe bei weitem nicht alle Kostbarkeiten des reichen Klosterschatzes enthalten.
Ein Jude aus Odernheim hätte beinahe den Schatz bekommen. Dieser Mann, der so arm war, daß er seine Kinder bei anderen Juden im Dorf in Kost geben mußte, schlief nachts im Keller der Klosterruine. Er war ein grundehrlicher Mann, der in seinem Leben noch keinen betrogen hatte, und erfüllte damit eine wichtige Voraussetzung für die Hebung dieses Schatzes.
Eines Nachts – es soll die Nacht vor dem Tag des heiligen Benedikt von Nursia (21. März) gewesen sein – schreckte

er aus dem Schlaf auf, weil ihn ein starkes Licht blendete. Vor ihm stand ein Steintisch, der über und über mit Goldstücken bedeckt war. Um den Tisch herum – so erzählte der Mann später – saßen die zwölf Apostel. Einer, den er als Petrus erkannte, sagte zu ihm: »Wenn du dreimal um den Tisch herumläufst, ohne das Geld anzublicken und ohne es zu berühren, gehört es dir.«
Das erschien dem Mann nicht allzu schwer. Sein Herz klopfte vor Freude, und er machte sich sofort an die Aufgabe. Als er die dritte Runde schon fast beendet hatte, ließ Judas ein Goldstück vor seine Füße rollen. »Was du hast, das hast du!« dachte der arme Mann und griff schnell nach dem Gold. Damit war sein Glück auch schon vorbei. Er erhielt eine so kräftige Ohrfeige, daß er taumelte und beinahe gestürzt wäre. Die Glocke in Staudernheim schlug eins. Das Licht erlosch. Es wurde dunkel und still um ihn herum. Wäre nicht das Goldstück in seiner Hand gewesen und seine brennende Wange, hätte er an einen Traum geglaubt.
Der Jude war ein genügsamer Mensch. Er trauerte nicht lange dem verlorenen Gold nach, sondern freute sich an dem, was er gewonnen hatte.
Diesen Schatz, der anscheinend noch nicht gehoben ist, zu erringen, ist nicht einfach. Denn, wie schon gesagt, nur wer noch nie jemanden betrogen hat, kann ihn bekommen. Dieser Mensch muß ohne einen Gedanken an den Schatz in der Nacht zum 21. März an einer bestimmten Stelle in den Klosterruinen übernachten. Doch wer das tut, weiß ja, warum er das tut. Für ihn wäre der Schatz damit unerreichbar. Aber vielleicht könnte man einen lieben, ehrlichen Menschen, der diese Sage nicht kennt, ganz unverfänglich dazu bringen, in der entscheidenden Nacht in der Klosterruine zu schlafen.

Die Schätze auf der Heidenburg

In der Nähe von Altenglan in der Pfalz liegen bei dem Dorf Oberstaufenbach die spärlichen Reste der Heidenburg. So unscheinbar die Ruinen auch sind: Man erzählt von riesigen Schätzen, die unter den Trümmern der schon vor vielen Jahrhunderten zerstörten Burg liegen sollen.
Zwei Juden und auch ein junges Mädchen hatten der Sage nach die Kostbarkeiten schon fast in der Hand.
Die beiden Juden – es waren Brüder – sollen in Börsborn bei Glan-Münchweiler vom Handel gelebt haben. Sie waren fleißig, hatten aber keine glückliche Hand bei ihren Geschäften. Eines Tages besuchte sie ein reicher Verwandter und erzählte ihnen von einer großen Kiste mit Geld, die an einer bestimmten Stelle bei der Heidenburg ausgegraben werden könne. Wie der Verwandte zu dieser Information kam und warum er die Schatzkiste nicht selbst ausgegraben hat, wird in der Sage leider nicht erwähnt.
Die beiden Brüder reagierten sofort. Schon am nächsten Morgen ganz in der Frühe machten sie sich auf den Weg nach Oberstaufenbach. Der ältere von den beiden hatte seinen Sohn mitgenommen, der ihnen beim Graben helfen sollte. Wie sich später herausstellte, war das ein schwerwiegender Fehler. Gute drei Stunden gingen sie, bis sie die Heidenburg erreichten. Als der Tag graute, waren

sie schon fleißig bei der Arbeit, und am späten Abend stießen sie wirklich auf eine Kiste. Der Ältere holte seine Thora hervor und dankte Gott für das Glück. Dann schärfte er seinen beiden Gefährten ein, in der Geisterstunde auf keinen Fall ein Wort zu sprechen. Um Mitternacht kam ein heftiger Sturm auf. Mit dem Sturm raste ein roter Wagen heran, der von zwei Rappen mit silberglänzendem Geschirr gezogen wurde und in dem ein Mann mit feuersprühenden Augen saß.

Der junge Jude, der den ganzen Tag über schon ziemlich unruhig gewesen war, bekam Angst. Er stupste seinen Vater an, der still ins Gebet versunken war, und rief: »Ette (Vater), mach's Buch zu und bring dich in Sicherheit!«

Kaum hatte er das gesagt, fuhr der rote Wagen geradewegs in die ausgehobene Grube hinein. Die Kiste polterte hinterher, und in Sekundenschnelle war der Platz so eben, als ob niemand dort jemals gegraben hätte. In der Luft war ein Heulen und Schreien, und eine Stimme rief: »Jetzt glaubte ich, erlöst zu sein, und nun muß ich wieder sieben Jahre um die Burg herumfahren.«

Die armen Juden mußten ohne Geld, aber mit Schwielen an den Händen wieder nach Hause laufen. Ob sie nach sieben Jahren wieder versucht haben, den Schatz zu heben, ist nicht überliefert.

Auf ganz andere Art wurde ein junges Mädchen aus der Gegend auf den Schatz aufmerksam. Es träumte, es würde mitten in der Nacht auf den Berg zur Heidenburg steigen. Im Gehölz sah es eine schimmernde Blume. In seinem Traum erinnerte es sich daran, daß ihm eine alte Frau einmal von dem großen Schatz unter der Heidenburg erzählt hatte, den man nur mit einer ganz bestimmten Pflanze finden könne. Es bückte sich, um die glückbringende Blume zu pflücken – und erwachte.

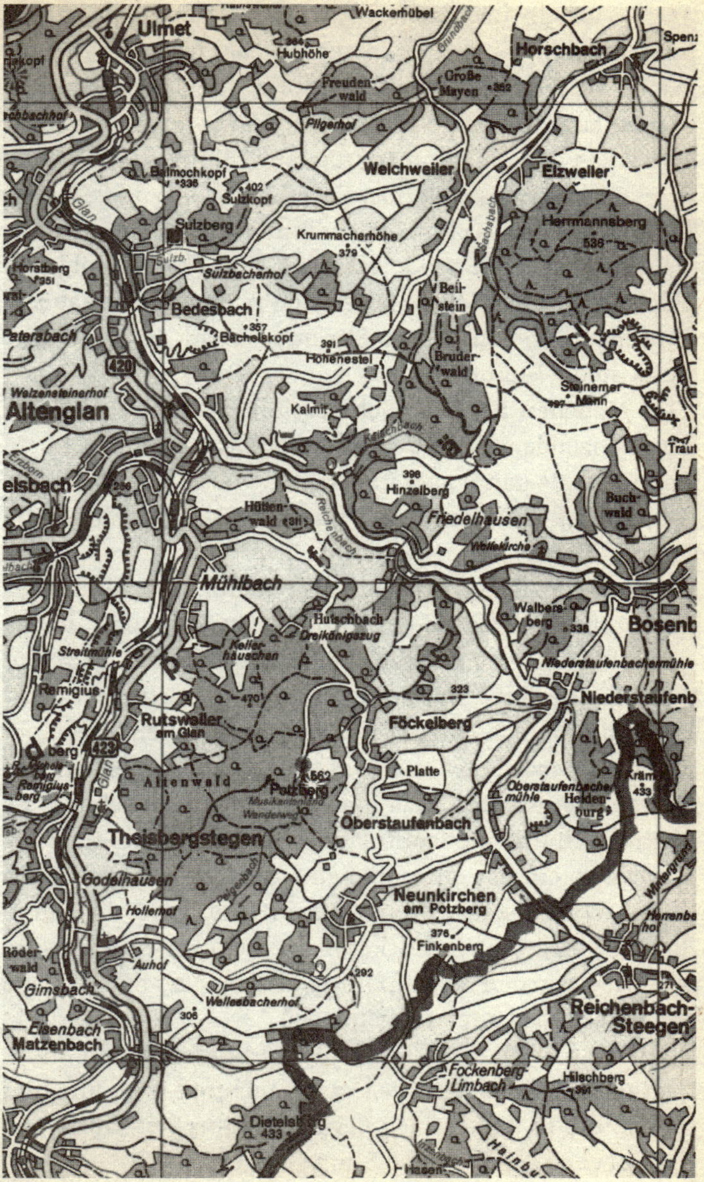
Wackerhübel
Ulmet
Hubhöhe
Horschbach
Freuden-wald
Große Mayen
Pilgerhof
Welchweiler
Elzweiler
Balmochkopf
Sulzkopf
Sulzberg
Glan
Herrmannsberg
Krummacherhöhe
Horstberg
Sulzbacherhof
Beil-stein
Bedesbach
Bachelskopf
Hohenestel
Bruder-wald
Steinerner Mann
Altenglan
Kalmit
Reichenbach
Hinzelberg
Buch-wald
Hütten-wald
Friedelhausen
Wolfskirche
Mühlbach
Walbers-berg
Hutschbach
Dreikönigszug
Keller-häuschen
Streitmühle
Niederstaufenbachermühle
Remigius-
Rutsweiler am Glan
Föckelberg
Platte
Altenwald
Potzberg
Oberstaufenbachermühle
Heiden-burg
Theisbergstegen
Oberstaufenbach
Godelhausen
Neunkirchen am Potzberg
Hollerhof
Finkenberg
Röder-wald
Auhof
Gimsbach
Wellesbacherhof
Reichenbach-Steegen
Eisenbach
Matzenbach
Fockenberg Limbach
Hirschberg
Dietelsberg

Das Mädchen überdachte den Traum gründlich. Es war arm, deshalb stand sein Entschluß bald fest. Um Mitternacht verließ es seine Hütte und stieg den Berg zur Heidenburg hinauf. Wie es in der Nacht zuvor geträumt hatte, sah es schon von weitem eine Blume leuchten. Es war eine Schlüsselblume. Es pflückte sie und öffnete damit das Tor, das plötzlich vor ihm in der Burgmauer war. Es trat in ein riesiges Gewölbe, in dem überall Gold und Edelsteine lagen. Während es sich noch ganz verzaubert umschaute, rief eine leise Stimme: »Denk an die Blume, denk an die Blume!«
Das Mädchen legte die Schlüsselblume auf einen Tisch aus glänzendem Stein und füllte sich hastig seine Schürze mit Gold. Es nahm aber nur so viel, wie es tragen konnte. Wieder rief die Stimme: »Denk an die Blume, denk an die Blume!«
Doch das Mädchen achtete nicht darauf. Glücklich über den großen Schatz, den es in seiner Schürze hielt, lief es zum Ausgang. Kaum war es über die Schwelle getreten, schlug das Tor krachend zu. Das Mädchen war so erschrocken, daß es die Schürzenzipfel losließ. Das Gold fiel hinab, raschelte durch das welke Laub am Boden und versank in der Erde. Das Mädchen faßte sich schnell. Es drehte sich um und wollte mit seiner Schlüsselblume das Tor noch einmal aufschließen und sich weiteres Gold holen. Wie entsetzt es war, als es merkte, daß es die Blume im Berg vergessen hatte, kann man sich vorstellen. Es ist nie wieder in den Berg hineingekommen und bis ans Ende seines Lebens bettelarm geblieben.
Vielleicht ist deshalb etwas Wahres daran, wenn Sonntagskinder behaupten, daß sie manchmal eine Jungfrau sehen, die in den Ruinen der Heidenburg herumirrt und laut über eine vergessene Blume klagt.

Die schatzhütende Kröte auf Burg Beilstein in der Pfalz

An der Straße zwischen Kaiserslautern und Hochspeyer, nicht weit vom Heiligenberg-Tunnel, liegt die Ruine Beilstein. Die Burg wurde im Jahr 1234 zur Sicherung der Straße im Wald des Prämonstratenserklosters erbaut und im späten 15. Jahrhundert zerstört.

Wie erzählt wird, waren die Bewohner von Burg Beilstein Raubritter. Ihre Schätze sollen noch in dem Keller unter der Burgruine versteckt sein.

Seit die Burg zerstört ist, bewacht eine feurige Kröte – groß wie ein Backofen und mit riesigen Augen – diesen durch Mord und Totschlag erworbenen Schatz. Im Lauf der Jahrhunderte haben schon viele Leute versucht, den Schatz zu heben, doch die Kröte hat das bis heute verhindern können.

Vor langer Zeit – so heißt es in der Sage – gruben zwei Leute aus Hochspeyer in den Ruinen der Burg nach dem Schatz. Als es in der Stiftskirche zu Lautern Mitternacht schlug, kam die Kröte angepatscht. Sie sah so schrecklich aus, daß die beiden ihr Werkzeug liegen ließen und Hals über Kopf davonliefen. Sie sahen nur noch, wie sich das warzenbedeckte Monster über dem Loch ausbreitete. Am anderen Morgen lag ein großer Felsen an dieser Stelle.

Doch die Kröte scheint auch manchmal bereit zu sein, etwas von ihrem Schatz abzugeben. Einmal gingen zwei

Burg Beilstein östlich von Kaiserslautern

junge Leute bei der Burg spazieren, ein Bursche und ein Mädchen. Als der junge Mann ein paar Schritte zurückblieb, kam aus dem Gebüsch die Kröte mit einer goldenen Krone auf dem Kopf und einem Schlüssel im Maul. Sie gab dem Mädchen den Schlüssel und sagte, es solle sofort allein auf die Burg gehen, die Türen dort aufschließen und so viel von den Schätzen nehmen, wie es tragen könne. Statt die Worte der Kröte zu befolgen, rannte das dumme Ding zu dem Burschen zurück und erzählte ihm alles. Als sie gemeinsam zur Burg liefen, verlor es den Schlüssel und fand ihn auch nicht wieder.

Vielleicht hat die Kröte den Schlüssel zurückgeholt. Vielleicht hat aber auch jemand aus der Umgebung den Schlüssel gefunden und mit nach Hause genommen. Möglicherweise liegt er heute unter allerhand Erbtrödel, und sein Besitzer weiß nicht, daß er damit die Türen aufschließen könnte, hinter denen die Schätze der Burg Beilstein verborgen sind.

Die goldene Boll in der Quelle am Glasberg

Ganz in der Nähe von Pirmasens im Lambsbachtal am Fuß des Glasberges liegt eine Quelle, die man den Klosterbrunnen nennt. Die Sage erzählt, daß dort alle sieben Jahre eine goldene Boll aufsteigt, ein Trinkgefäß, das an zwei goldenen Kettchen hängt. Wer das Glück hat, sich zufällig zu diesem Zeitpunkt dort aufzuhalten, kann das kostbare Gefäß sehen. Und wenn dieser glückliche Mensch zudem noch an einem Sonntag im Advent geboren ist, sieht er auch den Kapuzinermönch, der neben der Quelle steht. Dann sollte er schweigend die Boll mit Wasser füllen und dem Mönch den Trunk anbieten. Dafür wird er reich belohnt. Eine verborgene Pforte wird sichtbar, durch die er dem ebenfalls schweigenden Mönch in den Berg folgen kann. Dort stehen in riesigen, hell erleuchteten Räumen große Truhen mit Gold und Edelsteinen. Er darf von den Schätzen nehmen, so viel er tragen kann. Gibt er dabei aber nur einen einzigen Laut von sich, so verschwindet die ganze Herrlichkeit und er steht mit nassen Füßen in einer sumpfigen Wiese.

So lautet die alte Sage. Leider bleibt ein entscheidender Punkt unklar: Wurde hier der richtige Klosterbrunnen angegeben?

Denn der heilige Pirminius hat – der Legende nach – sein Kloster auf der Höhe des Glasberges gebaut und nicht an

Steigland
Donsieders
Deutsche Schuhstraße
Dietersbg
Fröhn
R. Heidelsburg
Jugendhe
Hollertal
Biebermühle
Staats-
Rotztal
Bieberbg.
forst
360
389
432
Orleberg
Orlebrunnen
Deutsche Schuhstraße
423
Klinkenberg
Apostelmühle
Clausen
Claus-berg
Klauser Tal
440
Wackenkopf
Birkwieserhof
Waldfischbach-Süd
Lindersbach
Am Entenstein
Nord
Rodalben
Staatsforst
Auf der Heide
Langenberg
426
408
Grünbühl
Grünbühl
Langenbach
Geißbühl
Neuhof
Imsbacher mühle
Riegelbr
Deutsche Schuhstraße
Hoch-schachen
Kläranlage
Hungertal
Badischer Sommerwald
Langenbachtal
Holler-brunn
270
forst Pirmasens
Hanauischer Sommerwald
Siedlung am Sommerwald
10
Lambsbacher Tal
Fumbachtal
Lambsbacherhof
Hombrunnerhof
386
Lambsbach
Münchw
Dankelsbach
Glas-berg
Glastal
410
Finster-bachtal
Einsiedler Tal
Staatsforst
450
Großer Arius
PIRMASENS
Ständ
Beckenhof
Ruppertsweile
Eisweiher
Plätzerwaldhs.
Starkenbrunnen
Rodalbe
Ruhbank
Sengelsberg
Pirma
Ruppertsfelsen
Staatsfo
Gutenbach
Am Soll
457
Erlenbrunn
456
R. Lemberg
Langenbe
Hinter-
Hasenhalde
412
Lemberg
414
Rothenberg

dessen Fuß. Und dort oben gibt es ebenfalls eine Quelle. Sie ist vielleicht nicht ganz so ergiebig wie der vielzitierte Klosterbrunnen, aber sehr romantisch gelegen.
Wenn also ein Adventssonntagskind versuchen wollte, den richtigen Zeitpunkt abzupassen, müßte es sieben Jahre rund um die Uhr die eine Quelle und – wenn es Pech hat – weitere sieben Jahre die andere Quelle beobachten. Diese Aufgabe wird dadurch etwas erleichtert – falls man den Angaben der Sage trauen kann –, daß man zur Beobachtung der goldenen Boll auch Hilfskräfte heranziehen darf.

Die verzauberte Prinzessin auf der Wegelnburg

Zwischen den Städten Nothweiler und Schönau, nicht weit von der französischen Grenze, stehen im Pfälzer Wasgau die Ruinen der Wegelnburg. Die alte Reichsveste, 1272 zum erstenmal urkundlich erwähnt, wurde im Jahre 1679 durch die Franzosen unter General Montclair zerstört.

Die Sage erzählt, daß auf dieser Burg vor sehr langer Zeit die schöne Tochter eines Herzogs lebte. Die junge Dame war sehr stolz und hochmütig und wollte absolut nicht heiraten. Keiner der zahlreichen Verehrer gefiel ihr. Um sie loszuwerden, stellte das Fräulein ihnen die unmöglichsten Aufgaben. Dabei kam der eine oder andere tollkühne Bursche sogar ums Leben.

Ein besonders hartnäckiger Bewerber war der junge Ritter Heinrich von der benachbarten Burg Fleckenstein. Um endlich Ruhe vor ihm zu haben, sagte die Schöne zu ihm: »Wenn du es schaffst, in drei Stunden dreimal mit einem fünfzig Pfund schweren Beutel Gold von der Burg zum Sauerbach und wieder zurück zu laufen, dann nehme ich dich!«

Der verliebte junge Mann lief los. Obwohl ein guter Wanderer heute für den Weg von der Wegelnburg bis zum Sauerbach – der eigentlich Saarbach heißt – etwa 75 Minuten braucht, legte der junge Mann die Strecke in der

In den Ruinen der Wegelnburg

von dem Fräulein verlangten Zeit zurück. Doch als er zum drittenmal vor ihrem Thron erschien, brach er tot vor ihren Füßen nieder.

Das Schicksal verdammte das Fräulein für ihre Grausamkeit gegenüber diesem und den anderen Rittern. Es muß so lange auf der Burg hausen und seinen Reichtum bewachen, bis jemand kommt und es erlöst.

Jeden Freitag wäscht sich das weißgekleidete Fräulein an einer Quelle auf einem Felsen, der in der Sage Krötenstuhl genannt wird, den aber heute niemand mehr kennt. Dabei hält sie Ausschau, ob jemand kommt, der sie von ihrem Bann befreit.

Doch sichtbar wird das Fräulein nur für den, der die drei Wahrzeichen gefunden hat, die in einer Muschel auf dem Krötenstuhl liegen: eine Schlangenhautschuppe, ein Stück Krötenhaut und eine blonde Haarlocke. Wer mit diesen Dingen an einem Freitagmittag in die Ruinen der alten Burg steigt, kann die Jungfrau erlösen. Dazu muß er sie nur dreimal auf den Mund küssen, wobei sie ihm als Schlange erscheint, dann als Kröte und zuletzt als Mensch. Eine andere Version der Sage behauptet, den ersten Kuß bekäme die Jungfrau, den zweiten die Schlange und den dritten die Kröte. Wie auch immer, auf der Wegelnburg ist es nicht einfacher als an anderen Schatzorten, die Jungfrau zu entzaubern und den Schatz zu bekommen. Die Schlange soll so lang wie ein Maibaum sein und die Kröte ein warziges Scheusal von Backofengröße.

Viele sollen schon die drei Wahrzeichen gefunden und sich damit in die Ruinen der Burg gewagt haben, aber alle gaben vorzeitig auf. Manche erst im letzten Augenblick, wie eine der überlieferten Geschichten berichtet.

Ein mutiger Ritter hatte sich vorgenommen, die Jungfrau zu befreien, und auch schon die drei Wahrzeichen vom Krötenstuhl geholt. Die Jungfrau erschien, wie immer weißgekleidet, mit einem Schlüsselbund. Nachdem der Ritter sie geküßt hatte, ermahnte sie ihn, auch beim zweiten und dritten Kuß standhaft zu bleiben. »Denk daran, daß ich es bin, die du küßt«, sagte sie zu ihm. Dann wand sie sich als Schlange um ihn. Obwohl der Ritter kaum noch atmen konnte, küßte er das Tier, und der Spuk verschwand. Schließlich erschien die Jungfrau als ungeheure Kröte, feuerspeiend und mit glühenden Augen. Auch diesmal bezwang der junge Mann seinen Ekel. Gerade wollte er das breite Maul der Kröte küssen, da sah er über sich einen Mühlstein an einem dünnen Faden hängen. Ein Teufel flog um den Stein herum und knipste fortwährend mit einer Schere nach dem Faden. Dem war der Ritter nicht gewachsen. Als er den Berg hinunterlief, hörte er die Kröte noch eine Weile schwerfällig hinter sich herpatschen.

So scheint es, als ob die unglückliche Prinzessin von der Wegelnburg auch heute noch unerlöst ihre Schätze hütet.

Der Geist von Scharfeneck

Im Ramberger Tal – offiziell Dernbachtal –, nordöstlich von Annweiler im Pfälzer Wald, liegen auf einem bewaldeten Berggipfel die Ruinen der Burg Neuscharfeneck. Die Burg wurde in der ersten Hälfte des 13. Jahrhunderts erbaut und ist im Dreißigjährigen Krieg ausgebrannt. Nicht weit von ihr, am Eingang des Hainbachtales, lag am Nordosthang des Ringelsberges die im 12. Jahrhundert erbaute Burg Altscharfeneck, deren Mauern schon vor Hunderten von Jahren abgetragen wurden und von der heute keine Spur mehr zu finden ist.

Auf einer dieser beiden Burgstätten soll sich zuweilen ein geisterhafter, nackter bleicher Mann zeigen. Ob es der in einer Sage erwähnte Ritter ist, der seinen Sohn verfluchte und darum verwünscht wurde, oder ein anderer Geist: Er behauptet jedenfalls, daß er Schätze bewacht, die unter der Burg liegen, und daß er sie demjenigen, der ihn erlöst, geben wird.

Die letzte – durch die Sage verbürgte – Begegnung mit ihm hatte vor langer Zeit ein Pottaschesieder aus Dernbach. Diesem Mann folgte eines Tages der nackte bleiche Geist bis in seine Hütte. Dort saß er einen ganzen Tag lang schläfrig in der Ecke beim Ofen und zitterte. Anfangs sprach er kein Wort und nahm auch nichts von dem Essen, das der Pottaschesieder ihm anbot. Erst nach einigen

Stunden taute er ein wenig auf und murmelte ab und zu seufzend: »Ich friere, ach, ich friere so!«
»Wieso frierst du denn? Du sitzt doch am warmen Ofen!« sagte der Pottaschesieder. »Und zu essen kannst du auch bekommen. Du mußt es nur nehmen.«
»Ach, ich friere, weil ich verwünscht wurde, als ich gerade nackt war, und nun schon siebenhundert Jahre in diesem kalten Burggemäuer sitze.«
»Das ist wirklich unangenehm«, sagte der Pottaschesieder. »Aber was kann ich dagegen tun? Ohne irgendeine Absicht wirst du schließlich nicht stundenlang in meiner Hütte herumsitzen.«
»Du kannst mich erlösen und dabei sehr reich werden«, antwortete der Geist. »Du darfst nur nicht ängstlich sein und mußt meinen Anweisungen folgen. Hoffentlich gelingt es dir, mir zu helfen, sonst muß ich sehr lange warten, ehe wieder jemand kommt, der vom Schicksal für diese Aufgabe bestimmt ist.«
Bei diesen Worten fiel der Geist in sich zusammen, schlug die Arme um seinen kalten Leib und sah so mitleiderregend aus, daß der Pottaschesieder ihm sofort seine Hilfe zusagte. Natürlich nicht ohne einen Nebengedanken an den versprochenen Reichtum.
»Dann werde ich mich zu gegebener Zeit melden«, sagte der Geist und verschwand gebückt und zähneklappernd in der hereinbrechenden Nacht.
Neun Tage nach diesem Gespräch klopfte es um Mitternacht am Fensterladen des Pottaschesieders. Es war eine furchtbare Nacht, der Regen strömte, als wollte er eine neue Sintflut einleiten, und es stürmte, daß sich die Bäume bogen. Obgleich es dem Pottaschesieder nicht wohl zumute war, als er hinaussah, zog er sich doch an und folgte dem Geist, der draußen auf ihn wartete. Man kann

Fernab von allem Verkehr: die Burgruine Neuscharfeneck

es nun glauben oder nicht: Nach einiger Zeit hörte das Unwetter auf, ein sanftes Licht ging von dem Geist aus, und es wurde hell und warm wie an einem Frühlingstag. Als sie die Ruinen von Scharfeneck erreicht hatten, gab der Geist dem Mann eine goldene Rose und sagte: »Wenn sich jetzt die Tür öffnet, geh schweigend und ohne Angst durch alle Räume. Paß auf, daß du die Rose dabei nicht verlierst. Denn im letzten Zimmer wirst du eine schwarze Kiste finden, die du mit dieser Rose aufschließen kannst. Wenn dir das gelingt, dann bin ich erlöst.«
Der Mann nahm die Rose, und vor ihm öffneten sich zwei Türflügel, die er bis dahin nicht bemerkt hatte. Er trat in

einen Saal, der taghell erleuchtet war. Überall standen Gold- und Silbergefäße, die so glänzten und blitzten, daß er die Augen zusammenkneifen mußte. Danach kam er in einen anderen Saal, an dessen Wänden herrliche Rüstungen hingen. In einem dritten Saal saßen viele altertümlich gekleidete Damen und Herren an einem Tisch, der mit goldenem Geschirr gedeckt war. Als der Mann in diesen Saal eintrat, drehte die ganze Gesellschaft mit einem Ruck ihre Köpfe zu ihm hin und starrte ihn stumm und hohläugig an. Erschrocken schlich der Pottaschesieder an ihnen vorbei und fand endlich im nächsten Raum die schwarze Kiste, die er öffnen sollte. Ein großer schwarzer Hund mit glühenden Augen lag auf dem Deckel.

Als der Mann sich vorsichtig näherte, um die Kiste aufzuschließen, reckte der Hund sich plötzlich zu seiner ganzen Höhe empor und riß das Maul weit auf. Der Pottaschesieder sah die scharfen Zähne der Bestie und entsetzte sich so darüber, daß er die Rose fallen ließ und schrie: »Jesusmaria!«

Da krachte und ächzte es ringsumher. Die Mauern wichen zurück, und im Bruchteil einer Sekunde war der ganze wunderbare unterirdische Palast verschwunden. Der Mann wurde von unsichtbaren Händen aus dem Berg herausgeschleudert und fand sich ganz benommen vor den Mauern der Burgruine wieder. Es regnete in Strömen, und die Nacht war kalt und finster. Verstört rappelte er sich auf und lief heim in seine Hütte. Der Geist aber ließ sich nie wieder bei ihm blicken.

Wer sich in der Nähe von Neuscharfeneck oder Altscharfeneck aufhält und einen nackten frierenden Mann trifft, sollte nicht erschrecken, sondern den armen Kerl freundlich ansprechen. Es könnte ja sein, daß es der unerlöste Geist von Scharfeneck ist.

Die Bergstraße entlang und weiter nach Unterfranken

Wenn du die Schlange küßt . . .

Die drei Damen auf der Starkenburg

Auf einer steilen Anhöhe über der Kreisstadt Heppenheim an der Bergstraße liegt die Starkenburg. Sie wurde 1065 auf einer prähistorischen Befestigungsanlage erbaut. Jahrhundertelang widerstand sie allen feindlichen Angriffen, bis sie 1765 zum Abbruch freigegeben wurde, um die leere kurmainzische Kasse zu füllen. Steine, Ziegel, Türen und Bauholz wurden versteigert. Erst 1787 verbot man den weiteren Abbruch. Heute ist in den erhaltenen Teilen der Burg eine Jugendherberge eingerichtet.

Während der zahlreichen Kriege früherer Jahrhunderte sollen auf der Burg immer wieder Kostbarkeiten versteckt worden sein.

So heißt es zum Beispiel, daß silberne Apostelbilder aus der Burgkapelle irgendwo auf dem Burgberg vergraben sind. Oft wurde schon danach gesucht, aber bis heute sind sie nicht gefunden worden. Zwar hatten einige Männer das Gewölbe entdeckt, in dem der Kasten mit den Bildern steht, aber sie fürchteten sich so sehr vor dem schwarzen Hund mit den glühenden Augen, der auf diesem Kasten liegt, daß sie aufgaben.

Ein bemerkenswertes Erlebnis, das die Gerüchte über verborgene Schätze in der Starkenburg unterstützt, hatte vor langer Zeit ein Mann aus Heppenheim. Als er eines Tages nach Kirschhausen ging, sah er an der Landstraße

Die Starkenburg in Heppenheim

auf einem Grenzstein einen Mann sitzen, der einen Apfel in der Hand hielt. Der Mann winkte dem Heppenheimer, näher zu kommen.
»Was ist denn? Was willst du?« fragte der Heppenheimer und blieb stehen.
»Laß mich mal von deinem Schnupftabak schnupfen«, sagte der Mann. »Ich gebe dir den Apfel dafür.«
»Schnupfen laß' ich dich gern«, meinte der Heppenheimer. »Aber deinen Apfel kannst du behalten.«
Er kramte seine Schnupftabakdose aus dem Rock und ließ den anderen eine ordentliche Prise nehmen. Der Mann schnupfte mit großer Gier und offensichtlichem Vergnügen, wie einer, der schon lange keinen Tabak mehr gehabt hat. Dann bestand er darauf, daß der Heppenheimer den Apfel nehmen müsse.
»Na gut, wenn dir soviel daran liegt, dann her damit«, meinte dieser, nahm den Apfel, steckte ihn ein und ging weiter. Seine Geschäfte in Kirschhausen hatte er schnell erledigt, und er war schon wieder auf dem Heimweg, als er Appetit auf den Apfel bekam. Er holte ihn aus der Tasche und wollte sich mit dem Messer einen Schnitz davon abschneiden. Doch das Messer glitt an dem Apfel ab. Erstaunt betrachtete der Heppenheimer die seltsame Frucht. Die Stelle, die das Messer geritzt hatte, schimmerte wie Gold. Erst war das dem Heppenheimer unheimlich, dann begriff er und sprang vor Freude in die Luft. So einen guten Handel hatte er in seinem ganzen Leben noch nicht gemacht.
»Das laß' ich mir gefallen«, rief er. »Für so einen Apfel gebe ich noch mehr von meinem Schnupftabak.«
Als er wieder an dem Grenzstein vorbeikam, saß der Mann, der ihm den Apfel gegeben hatte, noch immer darauf.

»Wie hat der Apfel geschmeckt?« fragte er.
Der Heppenheimer antwortete: »Geschmeckt? Nach mehr, denke ich!«
»Das kannst du haben!« erwiderte der Mann. »Du mußt nur mit mir kommen.«
Das wollte der Heppenheimer gern. Nach kurzer Zeit standen sie schon oben auf dem Berg vor den Überresten der Starkenburg. Da sagte der Mann: »Der Apfel ist nichts gegen die Schätze, die hier vergraben sind. Wenn du willst, kannst du sie bekommen.«
»Sicher will ich. Nur her damit«, rief der Heppenheimer.
»Schön langsam«, antwortete der Mann. »So ganz umsonst bekommst du sie natürlich nicht. Du mußt schon etwas dafür tun. Aber das ist nicht schwer, und dir passiert auch nichts dabei.«
»Dann sag, was ich tun muß«, drängte der Heppenheimer.
»Komm heute nacht um zwölf Uhr wieder hierher. Du wirst dann drei sehr schöne Damen treffen, von denen eine einen großen Schlüsselbund trägt. Jeder dieser Schlüssel gehört zu einem Kasten, und jeder dieser Kästen ist voll von Gold und Silber. Die Damen werden verschwinden, aber sie kommen zurück in der Gestalt, in die sie verwünscht wurden: als drei feurige Schlangen. Wenn du die Schlangen küßt, sind die Damen erlöst und nehmen wieder ihre ursprüngliche Gestalt an. Du bekommst die Schlüssel und hast Zugang zu allen Schätzen, die unter der Starkenburg liegen. Zu fürchten brauchst du dich nicht. Es geschieht dir nichts, und das Feuer verbrennt dich nicht.«
»Wenn das so ist, warum soll ich es nicht versuchen«, sagte der Heppenheimer und gab dem Mann die Hand darauf.
Als er nach Hause kam, zeigte er seiner Familie den goldenen Apfel und erzählte alles. Das hätte er nicht tun

sollen. Denn jeder wußte nun Geschichten – eine schauriger als die andere –, wonach Leute, die auf diese Weise jemanden erlösen wollten, entweder verstümmelt oder gar getötet worden waren. Schließlich ließ der Mann sich überreden, nicht auf die Starkenburg zu gehen.
So sind die drei Damen in jener Nacht versetzt worden. Deshalb sollten die jungen Leute, die heute in der Jugendherberge auf der Starkenburg übernachten, darauf achten, ob sich die Fräulein nicht sehen lassen.

Der Schatz im Auerbacher Schloß

Zwischen Zwingenberg und Bensheim an der Bergstraße erheben sich auf einem Hügel die Ruinen des Auerbacher Schlosses, dessen Anfänge in das 13. Jahrhundert zurückreichen und das ab 1674 langsam verfiel.

Ein Mann aus dem Odenwälder Dorf Reichelsheim beherrschte die Kunst, Türen ohne Schlüssel zu öffnen. Er erzählte oft, daß unter den Ruinen des Schlosses Räume seien, die er jedes Jahr besuche.

»Man geht durch ein Gewölbe«, sagte er, »und kommt in einen Saal, in dem zwölf Männer an einem halbrunden Tisch sitzen. Vor ihnen liegen große Haufen Geld. Ich darf jedes Jahr einmal mit beiden Händen gleichzeitig zugreifen und das Geld mitnehmen. Dazu macht einer der Männer immer die gleiche Bemerkung, nämlich: ›Was wollen wir mit dem da machen?‹«

Jahrelang besuchte dieser Mann die unterirdischen Räume des Auerbacher Schlosses und konnte gut leben von dem Geld. Nach einiger Zeit aber merkten die Leute, daß er immer ärmer wurde.

»Was ist los mit dir?« fragte man ihn. »Holst du kein Geld mehr aus dem Schloß, daß du auf einmal so sparen mußt?«

»Das ist vorbei«, antwortete der Mann traurig. »Ich habe es mit den Männern im Berg verdorben. Nun kann ich das Gewölbe nicht mehr finden.«

Das Auerbacher Schloß bei Bensheim

»Was hast du denn angestellt, daß sie so böse auf dich geworden sind?«

»Das letzte Mal, als ich Geld holen wollte, war ich betrunken. Als wieder einer der Männer den ewig gleichen Satz von sich gab: ›Was wollen wir mit dem da machen?‹, habe ich, ohne nachzudenken, gerufen: ›Halt's Maul, du alter Narr!‹ Da standen alle zwölf von ihren Stühlen auf und verprügelten mich so, daß ich noch lange Zeit danach kaum laufen konnte. Ich weiß nicht, wie ich wieder aus dem Berg herausgekommen bin. Ich weiß nur, daß ich nicht wieder hinein kann.«

Andere Sagen erzählen, daß die Schätze im Auerbacher Schloß von einer verwünschten Königstochter bewacht werden. Wenn ein Rabe eine Nuß in den Schloßhof fallen läßt, diese Nuß Wurzeln schlägt und ein Baum daraus wächst und aus dem Holz des Baumes eine Wiege gemacht wird, kann das Kind, das in dieser Wiege liegt, den Schatz heben und die Königstochter erlösen.
Die Geschichte mit dem Raben soll sich tatsächlich schon einmal zugetragen haben. Als das für die Erlösung vorgesehene Wiegenkind zum Mann herangewachsen war, träumte dieser dreimal hintereinander, daß er mittags in den Schloßhof gehen solle. Am vierten Tag tat er es schließlich wirklich. Als er angelangt war, gab es einen lauten Knall, und eine sehr schöne weiße Dame stand vor ihm.
Sie sagte zu ihm: »Du kannst mich erlösen und alle Schätze bekommen, die unter dem Schloß in dem Keller liegen. Sie werden von einem Hund mit feurigem Atem bewacht, aber am Eingang des Kellers liegt eine Rute, mit der man die Bestie zähmen kann.«
»Wann kann ich den Schatz holen?« fragte der Mann.
»Morgen um die gleiche Zeit. Ich werde dort sein, doch du wirst mich nicht erkennen. Ich bitte dich, erschrick nicht, ganz gleich, was geschieht.«
Der Mann hörte die Mahnung gar nicht. Er dachte nur an den Schatz und konnte den nächsten Tag kaum erwarten. Punkt zwölf Uhr stand er auf dem Schloßhof. Wieder tat es einen Schlag, und aus dem dunklen Gang, aus dem am Tag zuvor die weiße Frau gekommen war, schoß jetzt eine ekelerregende Schlange hervor, die einen Schlüssel im Maul trug.
Darüber entsetzte sich der Mann so, daß er laut aufschrie und weglaufen wollte. Doch das war unnötig, denn kaum

hatte er den Mund aufgemacht, krachte es wieder, und der Spuk war verschwunden.
Nun müssen die Königstochter und die Schatzsucher wieder auf einen Raben warten, dem ausgerechnet über dem Schloßhof eine Nuß aus dem Schnabel fällt.
Wer allerdings glaubt, daß er die Kunst beherrscht, Türen ohne Schlüssel zu öffnen, der wird im Auerbacher Schloß für eine Probe seines Könnens gut belohnt.

Die Geldfässer im Schloß zu Darmstadt

Mitten im Zentrum von Darmstadt liegt das Darmstädter Schloß. Aus einer einfachen Wasserburg der Grafen von Katzenelnbogen aus dem 11. Jahrhundert wurde im Lauf der Jahrhunderte durch Um- und Neubauten ein prächtiges Barockschloß. Nachdem es 1944 durch einen Luftangriff völlig zerstört wurde, rekonstruierte man es nahezu originalgetreu, wobei allerdings die alte Bausubstanz nur in den Grundmauern erhalten blieb. Hinter dem großartigen Winkelbau des neuen Barockschlosses liegt der Komplex des alten Schlosses.

Irgendwo in den unterirdischen Gewölben dieses alten Schlosses befindet sich höchstwahrscheinlich ein Schatz. In der Sage wird vermutet, daß er entweder im ehemaligen Waschhaus liegt, an der Stelle, wo man früher das Holz hinwarf, oder aber in einem zugemauerten Raum zwischen dem Grünen Tor und dem Mönchstreppchen. Da die Sage vor mehr als einhundertdreißig Jahren aufgezeichnet worden ist, wird heute, nach der totalen Zerstörung des Schlosses, ein echter Schatzsucher nötig sein, um diese Orte wieder aufzuspüren.

Der Schatz soll aus Geld bestehen, das ein Baumeister veruntreut hat. Statt auftragsgemäß dem Schloß einen Anbau hinzuzufügen, versteckte der Mann einen großen Teil des Geldes in einer Mauer des halbfertigen Baus und verschwand mit dem Rest. Er starb im Ausland und wird seitdem Nacht für Nacht in das Schloß von Darmstadt versetzt, um dort an der Stelle der Mauer zu kratzen, wo er das Geld versteckt hat.

Der Sage nach war Landgraf Ludwig IX. vom Schicksal dazu ausersehen, den Schatz zu heben und das Geld wieder in die Familie zurückzuführen. Sein Vater, Ludwig VIII., wurde eines Nachts von einem geisterhaft aussehenden Mann geweckt, der ihn in die ausgedehnten Gewölbe führte, die unter dem Darmstädter Schloß liegen und in denen sich schon mancher verirrt hat. Sie gingen eine ganze Weile kreuz und quer durch die Kellergewölbe, bis sie schließlich in einem großen runden Raum standen, der auf geheimnisvolle Weise erhellt war. Längs den Wänden lagerten Fässer, die mit Geld gefüllt waren. Der Graf lehnte seinen Stock – ein schönes spanisches Rohr – an die Wand und machte Anstalten, den Schatz näher zu betrachten. Da sagte der geisterhafte Mann: »Dieser Schatz ist für deinen Sohn bestimmt, nicht für dich! Komm, meine Zeit ist bald abgelaufen.«

Also ging der Graf wieder mit dem Mann den langen Weg zurück. Erst in seinem Schlafzimmer merkte er, daß er seinen Stock vergessen hatte. Als der Stock auch am anderen Morgen unauffindbar blieb, hatte der Graf die Gewißheit, daß das Erlebnis kein Traum gewesen war. Er versuchte mit einigen Maurern, die schon einmal in den unterirdischen Gewölben gearbeitet hatten, den Weg, den er in der Nacht gegangen war, wiederzufinden. Es war vergeblich. So schrieb er die ganze Geschichte nieder und bekräftigte die Niederschrift mit seinem Eid.

Das Schloß zu Darmstadt muß in jenen Zeiten ein bevorzugter Aufenthaltsort für Geister gewesen sein. So spukte dort auch eine weiße Frau, die durchblicken ließ,

Die Schloßanlage in Darmstadt

daß sie den Schatz ebenfalls bewache. Einmal erschien sie der Frau des Landgrafen und forderte sie auf, den Schatz zu heben. Ob nun die Gräfin zu lange zögerte oder etwas falsch machte, ist nicht bekannt. Jedenfalls blieb der Schatz ungehoben, und die weiße Dame verschwand wieder. Sie soll aber noch gesagt haben: »Jetzt muß ich so lange umgehen, bis Ludwig IX. an die Regierung kommt und den Schatz hebt.«
Von dieser weißen Frau sind auch noch andere Ausprü-

che überliefert. Sie sagte zum Beispiel: »Jetzt sind noch goldene Zeiten. Aber einst werden schwere Zeiten kommen und großes Unglück. Dann wird das Haus Hessen durch den Schatz gerettet werden!« Und: »Wenn Ludwig IX. an die Regierung kommt, wird der Schatz aufgehen wie der Mond aus den Wolken. Aber Zeit und Stunde sind nicht bestimmt.« Und: »Ich bin durch böse Geister von meinem rechten Platz vertrieben worden und habe nur in der Schloßkirche Ruhe vor ihnen. Ich bin der Schutzgeist des Schatzes.«

Durch Ludwig IX. wurde die weiße Frau anscheinend nicht erlöst. Er soll gar kein Interesse an dem ihm zugedachten Schatz gezeigt haben. Als er erfuhr, daß Geister im Schloß umgehen, soll er sich vielmehr geweigert haben, dort zu übernachten. Er wohnte die meiste Zeit in anderen Residenzen und ließ sich kaum in Darmstadt blicken.

Außer der weißen Frau erschienen damals häufig drei sehr schöne Jungfrauen im Schloß. Niemand wußte, woher sie kamen und wohin sie gingen. Unvermittelt schritten sie hinter dem Ofen hervor, gingen freundlich lächelnd durch den Saal und verschwanden wieder. An mehreren Orten wurde auch ein weißer Mann gesehen, der mit hölzernen Absätzen herumklapperte. Einmal sah man ihn im Kaiserzimmer mit einer goldenen Krone auf dem Kopf unter dem Thronhimmel sitzen.

Später zeigte sich auch ein kleines Männchen, das manchmal von einem großen geharnischten Mann begleitet wurde. Möglicherweise gehörte es zu den bösen Geistern, vor denen die weiße Frau sich in die Schloßkirche geflüchtet hatte. Auch dieses Männchen tat so, als könne es einem zu dem Schatz verhelfen. Meistens saß es im roten oder im weißen Saal an einem Tischchen, vor sich ein aufgeschlagenes Buch und in der Hand eine Feder. Die Sage behauptet, daß es dreimal hintereinander einen Mann genötigt haben soll, sich mit der Feder in das Buch einzuschreiben. Doch obwohl es dem Mann einen Schatz dafür versprach, hat sich dieser – sicher zu seinem Glück – geweigert.

Nachdem Ludwig IX. den Schatz verschmähte, scheint das Gold nunmehr auch für normale Sterbliche erreichbar zu sein. Denn die weiße Frau hat sich, der Sage nach, später von einem ganz einfachen Schloßbewohner in der Kirche ansprechen lassen. Sie soll ihn unter die Erde in ein taghell beleuchtetes Gewölbe geführt haben, in dem ein großer goldener Löwe mit diamantenen Augen stand. Auf einem goldenen Tisch lag ein mit Gold verzierter Hut, an dem ein großer Diamantknopf funkelte. Daneben standen goldene Figuren und Becher. Am Tisch saß das kleine Männchen mit einem schwarzen Hütchen auf dem Kopf.

Niemand weiß, wie die weiße Frau bei diesem Anblick reagiert hat. War sie überrascht und wütend, oder hatte sie sich zu diesem Zeitpunkt vielleicht schon mit dem kleinen Geist verbündet? Es ist auch nicht bekannt, ob der Mann den Schatz oder wenigstens einen Teil davon bekommen hat.

So ist nicht auszuschließen, daß die Kostbarkeiten noch heute in den unzerstörten Kellerräumen des Darmstädter Schlosses verborgen sind.

Der Schatzgräber auf dem Lufthof

Auf dem Gemeindegebiet von Winzenhohl bei Aschaffenburg stand an der Grenze nach Haibach und Straßbessenbach der Sage nach vor langer Zeit ein großer Hof. Da in der Ebene dort der Wind von allen Seiten freien Zugang hat, hieß der Hof Lufthof.

Der Lufthöfer Bauer war ein fleißiger und frommer Mann. Was er anfaßte, glückte ihm. So wurde er mit der Zeit immer reicher. Leider wuchsen mit dem Reichtum auch Stolz und Habgier. Am Ende verschwendete er keine Zeit mehr damit, gute Werke zu tun oder zu beten, sondern dachte nur noch daran, wie er mehr Geld bekommen könnte.

Nun erzählte man sich damals in der Gegend, daß vor vielen Jahren aus dem Schmerlenbacher Kloster ein großer Schatz an Geld und Kostbarkeiten geraubt und im Keller des Lufthofes vergraben worden sei. Der Räuber, dem der Lufthof zu jener Zeit gehörte, starb bald nach dem Verbrechen, weshalb der Schatz noch immer dort liegt.

Als der Lufthöfer Bauer von dem Schatz hörte, der da in seinem Keller liegen sollte, konnte er an nichts anderes mehr denken. Schon lange hatte er aus einer Kellerecke Geräusche gehört, die er bis zu diesem Zeitpunkt nicht hatte deuten können. Jetzt wußte er, was es war. Jemand zählte dort unter Stöhnen und Seufzen das Geld.

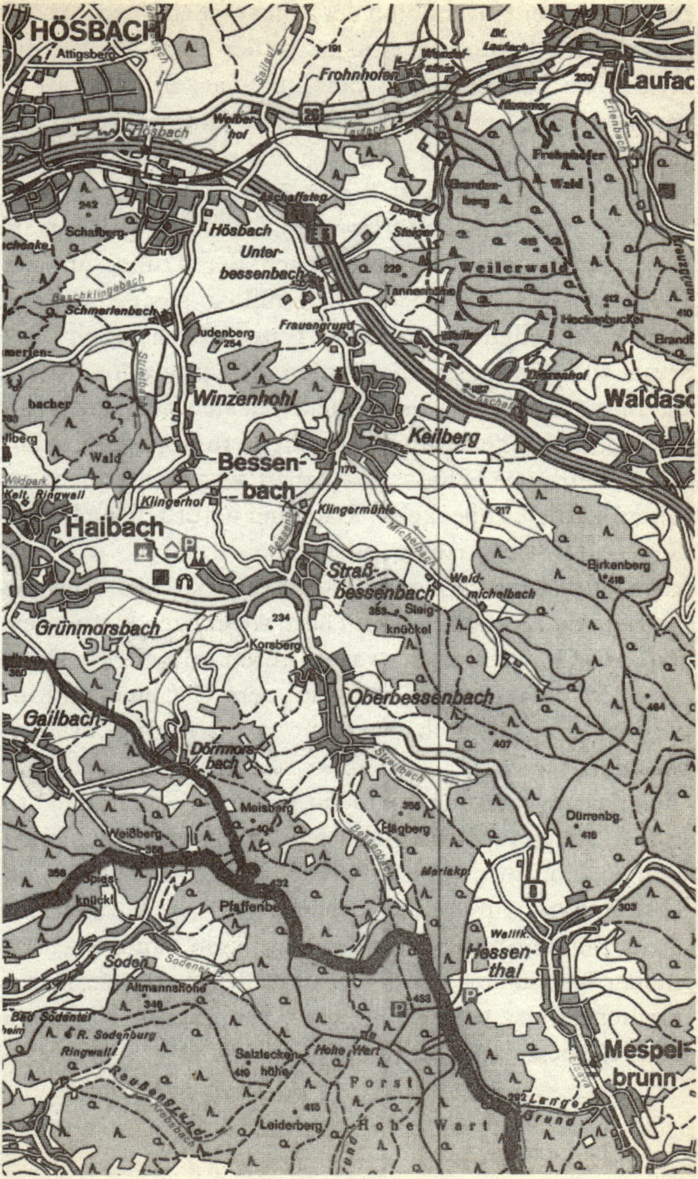
HÖSBACH
Attigsberg
Frohnhofen
Laufac
Hösbach
Weiberhof
Laufach
Aschaffsteg
Hösbach
Unterbessenbach
Steiger
Weilerwald
Schmerlenbach
Frauengrund
Hockenbucke
Winzenhohl
Waldasc
Keilberg
Bessenbach
Klingerhof
Klingermühle
Haibach
Straßbessenbach
Birkenberg
Grünmorsbach
Korsberg
Oberbessenbach
Gailbach
Dörrmorsbach
Meisberg
Hägberg
Dürrenbg.
Weißberg
Spiesknückl
Pfaffenbe
Hessenthal
Soden
Altmannshöhe
Bad Sodental
R. Sodenburg
Ringwall
Salzleckenhöhe
Hohe Wart
Forst
Mespelbrunn
Leiderberg
Hohe Wart
Lange Grund

In einer Adventsnacht hielt der Bauer es nicht mehr aus. Er ging in den Keller und fing an, in der Ecke, aus der die Geräusche kamen, den Boden aufzuhacken. Obwohl er mehrere Stunden lang erfolglos grub und hackte, gab er nicht auf. Er arbeitete so heftig, daß ihm das Blut in die Augen stieg. Endlich stieß sein Spaten auf Metall. Eine eiserne Truhe kam zum Vorschein. Der Schatzgräber warf die Schaufel hin und faßte nach der Truhe, um sie herauszuheben. In diesem Augenblick sprang aus der Grube ein geiferndes, zottiges, penetrant nach Schwefel stinkendes Untier und fiel ihn an. Besinnungslos stürzte der Bauer zu Boden. Als er wieder zu sich kam, lag er, an allen Gliedern gelähmt, mit verdrehtem Kopf halbtot auf der Kellertreppe. Von seiner Arbeit war nichts mehr zu sehen. Keine Grube, keine Kiste und natürlich auch kein Gold. Alles war verschwunden.

Mit dem Bauern ging es bald dem Ende zu. Sein Gesinde fand ihn und legte ihn in sein Bett, wo er nach kurzer Zeit starb. Die Leute ahnten, was da unten im Keller passiert war, und keiner wollte mehr auf dem Hof bleiben. Kinder hatte der Lufthofbauer nicht, und so verfiel das Anwesen.

Viele Jahre später, als niemand mehr an die Geschichte dachte, sollen die Schmerlenbacher Nonnen wieder einen kleinen Hof an der Stelle gebaut haben. Mitte des 19. Jahrhunderts wurden die Gebäude aber wieder abgebrochen. Der Lufthof ist nur auf sehr alten Landkarten zu finden. Wer so eine alte Karte auftreiben kann, der findet möglicherweise auch den Schatz. Sonntagskinder haben dabei die besten Aussichten.

Das Mütterchen auf dem Kollenberg

Zwischen den Gemeinden Dorfprozelten und Collenberg in Unterfranken liegt im Ortsteil Fechenbach auf der rechten Mainseite die Ruine Kollenberg.
In den wenigen bewohnbaren Zimmern des verfallenen Baus lebte vor langer Zeit der mainzische Förster, ein freundlicher Mann, den die jungen Burschen und Mädchen von Fechenbach und Dorfprozelten gern besuchten. An hellen Winterabenden kamen sie oft in die Spinnstube des Försters, obwohl sie dafür fast eine halbe Stunde Fußmarsch zurückzulegen hatten.
Einmal verließ ein junger Mann aus Dorfprozelten die Wohnung des Försters erst spät in der Nacht, um nach Hause zu gehen. Der Mond schien, und der Schnee glitzerte unter seinen Füßen. Es war ganz still und fast so hell wie am Tag. Wie durch einen Zauber stand der junge Mann plötzlich in einem großen Raum mit gewölbter Decke. Ein altes Mütterchen saß darin und spann. Während er noch ganz verwirrt dastand, erhob sich die Alte, humpelte auf ihn zu und sagte mit brüchiger Stimme: »Wie schön, daß du endlich gekommen bist. Ich habe schon so viele Jahre auf dich gewartet und bin darüber müde und alt geworden. Jetzt werde ich endlich erlöst und kann zur ewigen Ruhe kommen.«
Sie drückte dem jungen Mann einen Strauß frischer

Burgruine Kollenberg

Blumen in die Hand und sprach weiter: »Wenn du mich erlösen willst, dann behalte diese Blumen in deiner rechten Hand und öffne mit der linken die Truhe, die dort steht. Das ist alles, was du tun mußt.«
Dem Burschen war sehr unheimlich zumute. Draußen lag tiefer Schnee, und hier stand er mit frischen duftenden Blumen, als ob Sommer wäre. Am liebsten hätte er den Strauß auf den Boden geworfen und wäre davongelaufen. Aber wohin? Er wußte ja nicht einmal, wie er in diesen Raum gekommen war. Außerdem tat ihm die Alte leid. Also packte er die Blumen fester und ging zu der eisernen Truhe, die die alte Frau ihm gezeigt hatte. Er griff mit der linken Hand nach dem Deckel, um ihn hochzuheben. In diesem Moment erhob sich ein großer schwarzer Hund von der Truhe, knurrte ihn an und fletschte die Zähne. Erschrocken fuhr der junge Mann zurück.
Doch die Alte drängte ihn wieder vorwärts und sagte: »Sei nicht bange. Solange du den Strauß in deiner rechten Hand hältst, kann dir der Böse nichts tun. Aber laß die Blumen nicht fallen, denn dann ist alles verloren. Dann muß ich auf meine Erlösung warten, bis wieder ein Bursche kommt, der unter denselben Sternen wie du geboren ist. Aber noch nicht einmal die Eichel für den Baum, aus dessen Brettern die Wiege dieses Mannes gemacht wird, ist gesteckt. Also versuch es noch einmal! Du wirst es schon schaffen.«
Der Bursche rief alle Heiligen an, hielt den Strauß wie eine Waffe vor sich und faßte mit der linken Hand den Deckel der Truhe. Heulend sprang der Hund herab und strich mit eingekniffenem Schwanz davon. Der Deckel gab zwar nach, war aber so schwer, daß der Bursche glaubte, er könne ihn unmöglich mit einer Hand hochheben. Er wollte aber die Sache schnell hinter sich bringen. Also ließ

er den Blumenstrauß fallen und packte auch mit der rechten Hand an. Sofort schlug der Deckel, der sich schon einen Spalt geöffnet hatte, krachend wieder zu. Die Truhe, das Gewölbe, das Mütterchen verschwanden. Der junge Mann stand allein im gleißenden Mondlicht auf dem schneebedeckten Fußweg nach Dorfprozelten.

Jahrzehnte vergingen. In der Försterwohnung in der Ruine wohnte niemand mehr. Die Nachfolger des alten Försters lebten in einem neuen Haus, das am Fuß des Kollenbergs gebaut worden war.

Der Sohn eines dieser Förster fällte eines Tages eine Eiche. Zwischen den Wurzeln der Eiche fand er ein altes Geldstück. Gedankenlos steckte er es ein. Am Abend lag ein so heller Lichtschein über der Burg Kollenberg, daß es aussah, als würde sie brennen. Die ganze Familie des Försters sah es, doch keiner von ihnen wagte es, auf den Berg zu gehen.

Vom Tremhof aus soll man später öfters an der Ruinenmauer eine Tür gesehen haben. Sie war waagerecht geteilt wie die Haustüren von Bauernhäusern. Doch man konnte sich die Stelle noch so genau merken: Wenn man auf den Kollenberg stieg, war die Tür nirgends zu finden.

Vielleicht wurde inzwischen die Wiege gebaut, von der das Mütterchen sprach. Nachdem Wiegen wieder in Mode gekommen sind, ist die Wahrscheinlichkeit recht groß, daß sie benutzt wird.

Schloß Wildenstein und der Künigenbrunnen

Zwölf Kilometer östlich von Eschau in Unterfranken liegt im Aubachtal der Flecken Wildenstein. Von dort führt ein steiler Fußweg zur Ruine Wildenstein, den Überresten einer Burg, auf der einst das Geschlecht der Münzenberger herrschte.

Wann diese Burg erbaut wurde, liegt im Dunkel der Geschichte. Überliefert ist, daß sie mehrmals zerstört und wiederaufgebaut wurde. Heute kann man einige Mauern, das Tor und einen viereckigen Turm besichtigen und vom Burghof einen Blick in einen Kellerraum werfen (der über eine Schutthalde sogar zugänglich ist).

Die Münzenberger waren draufgängerische räuberische Leute. Man sagt, daß sie ihren Namen von einer eigenen Münze hatten, die auf dem Berg bei Eschau stand, der heute noch Münzplatte heißt. Das Gold und Silber, das sie dort prägten, stammte zum größten Teil aus ihren Raubzügen.

Auch der letzte Münzenberger war nicht besser als seine Vorfahren. Als er bei der Plünderung eines Dorfes unter anderem die silbernen Abendmahlskannen aus der Kirche mitnahm, stand sein Untergang fest. Der Pfarrer beschwor ihn, die geweihten Gerätschaften liegenzulassen, die ihn und seine Kinder ins Unglück stürzen würden. Doch der Münzenberger spottete nur: »Das wollen wir erst mal

abwarten, ob mir die Kannen Unglück bringen. Wenn sie es tun, kann ich sie Euch immer noch zurückschicken. Wenn nicht, sind sie bei mir besser aufgehoben als hier.«
Er versteckte die Kannen unter einem Steinhaufen im Keller der Burg und verriet niemandem den Platz. Wenn er von Zeit zu Zeit hinunterging, um sie sich anzuschauen, durfte ihn nur sein großer schwarzer Fanghund begleiten.
Der Münzenberger wurde von Jahr zu Jahr reicher. Bald hatte er so viel Geld, daß er jedem seiner drei Söhne ein prächtiges Schloß bauen konnte.
Der Älteste, den er am liebsten hatte, bekam eines am Küniger Berg, verschwenderisch mit Gold und Silber ausgestattet. Den goldenen Hirsch über dem Schloßtor sah man schon von weitem leuchten. Der zweite Sohn erhielt ein Schloß im Hessgrund, in der Nähe des Dorfes Heckbach, das im Dreißigjährigen Krieg zerstört wurde. Dem dritten Sohn baute er ein Schloß auf der Wiese oberhalb von Unteraulenbach.
Hatte es bis zu diesem Zeitpunkt wirklich nicht so ausgesehen, als ob über den Münzenberger und seine Kinder je ein Unglück kommen könnte, so entwickelte sich von da ab alles sehr schnell. Eines Abends flog ein Rabe an das Fenster des Zimmers, in dem der Münzenberger saß, und klopfte mit dem Schnabel an die Scheibe. Der schwarze Fanghund heulte auf, und ein gewaltiger Stoß ließ die Burg erzittern. Am nächsten Morgen meldete man dem Münzenberger, das Schloß am Küniger Berg sei mit allen Leuten untergegangen. Nur der Schornstein sei noch zu sehen. Wie aus einem Brunnen fließe das Wasser aus ihm hervor.
Dem Münzenberger kamen die Worte des Pfarrers in den Sinn, und er blieb eine ganze Zeit in sich gekehrt. Doch die Kannen, die im Keller lagen, gab er nicht her.

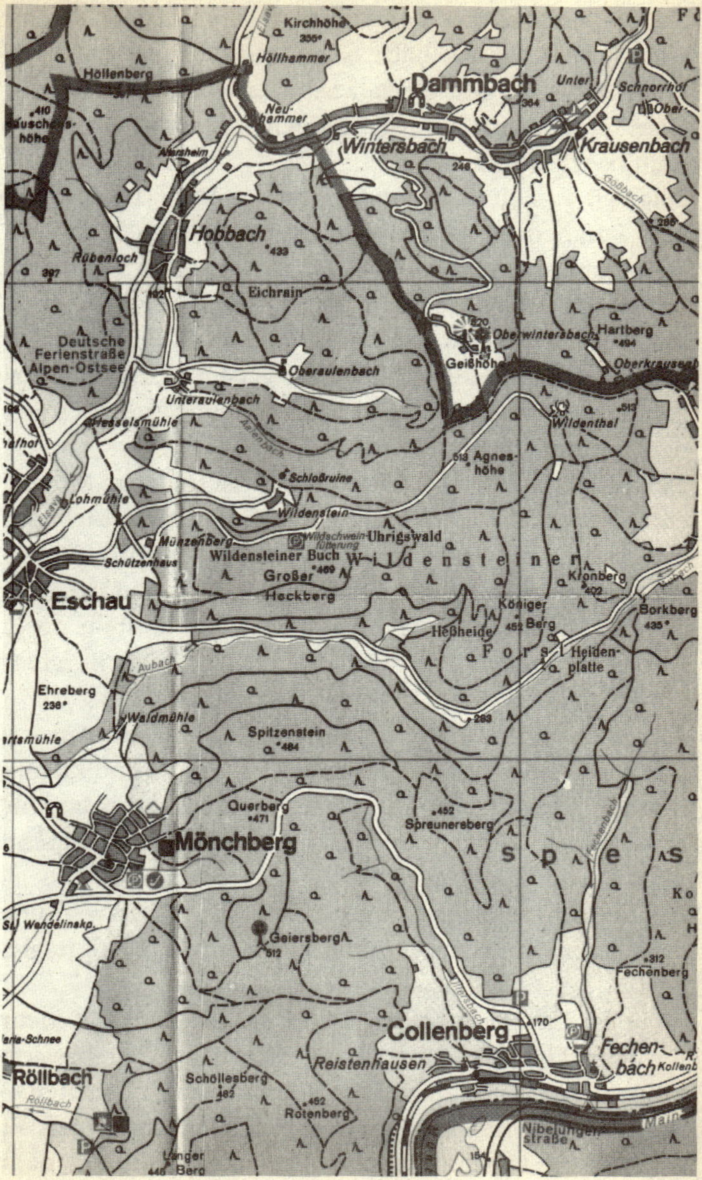
Kirchhöhe
355
Höllhammer
Höllenberg
Dammbach
Unter
Schnorrhof
Ober
Neuhammer
Wintersbach
Krausenbach
Alsrheim
Hobbach
433
Rübenloch
397
Eichrain
Deutsche
Ferienstraße
Alpen-Ostsee
Oberaulenbach
Unteraulenbach
Oberwintersbach
Geißhöhe
Hartberg
494
Wildenthal
513
Agnes-
höhe
Schloßruine
Lohmühle
Wildenstein
Münzenberg
Uhrigswald
Schützenhaus
Wildensteiner Buch
Wildensteiner
Großer
469
Heckberg
Kronberg
Eschau
Königer
Berg
452
Heßheide
Borkberg
435
Forst
Heiden-
platte
Aubach
Ehreberg
238
Waldmühle
Spitzenstein
464
Querberg
471
452
Spreunereberg
Mönchberg
Spessart
St. Wendelinskp.
Geiersberg
512
312
Fechenberg
Collenberg
170
Fechen-
bach
Reistenhausen
Röllbach
Schöllesberg
482
462
Rotenberg
Main
Nibelungen-
straße
Langer
Berg
446

Dann starb seine Frau, die ihn immer von dem Schlimmsten zurückgehalten hatte. An ihre Stelle trat die Wirtschafterin Else, die einen ähnlichen Charakter wie ihr Herr hatte. Bald lebte der Münzenberger so wild und ruchlos wie zuvor.

Soldaten kamen und verwüsteten das Land. Da träumte dem Burgherrn auf dem Wildenstein, daß das Schloß im Hessgrund sich senke. Als es schon ein ganzes Stockwerk tief in den Boden gesunken war, erschien sein zweitältester Sohn am Fenster und rief: »Das ist deine Schuld, Vater. Du hast das Haus auf Sand gebaut und kein Kreuz darauf gesteckt. Und die Kannen liegen noch immer unter dem Steinhaufen.«

Der Münzenberger schickte gleich am anderen Morgen einen Boten nach Heckbach. Das Herz krampfte sich ihm zusammen, als er in der Richtung des Dorfes Rauch aufsteigen sah. Doch der Bote kam zurück und meldete, das Dorf sei zwar abgebrannt, aber das Schloß stehe noch. Der Sohn sei wohlauf und lasse grüßen. Der Burgherr atmete auf und lachte über seinen Traum.

Am Abend kam wieder der Rabe geflogen, »langsam wie ein Vogelgeier, aber geradeaus wie ein Pfeil«, und klopfte mit dem Schnabel ans Fenster. Es krachte, als ob die Erde sich spalten würde, und auch das Schloß im Hessgrund versank. Zurück blieb nur ein großer leerer Platz.

Als der Münzenberger nun der Else voller Verzweiflung die Geschichte von den Kannen erzählte und sie fragte, was er jetzt tun solle, sagte sie:

»Hin ist hin. Eure beiden Söhne macht niemand mehr lebendig. Und der dritte ist ein Betbruder. Dem passiert schon nichts. Also könnt Ihr die Kannen ruhig behalten.«

Das waren Worte nach dem Herzen des Münzenbergers. Er änderte sein Leben nicht und gab auch die Kannen nicht

her. Doch er wurde finster und schweigsam und sprach nur noch mit seinem Hund.
Nicht lange danach kam der Rabe wieder angeflogen und schlug so heftig gegen die Scheiben, daß sie klirrten. Der Hund stieß ein langes Heulen aus und fiel tot um. Da schrie der Münzenberger: »Zwei sind hin. Jetzt ist der dritte dran. Holt mir den Pfarrer, ich muß beichten.«
Die Else lief nach Eschau und holte den Pfarrer. Wie der auf die Burg kam, saß der Münzenberger im Lehnstuhl, den toten Hund zu seinen Füßen, und rief immer wieder: »Zwei sind hin. Jetzt ist der dritte dran.«
Der Pfarrer beschwor ihn, endlich zu sagen, wo er die Kannen versteckt habe. Aber der Münzenberger brachte nur noch heraus: »Die Kannen liegen im ... im ...« Dann trat ihm der kalte Schweiß auf die Stirn, er schnappte noch einmal nach Luft und war tot. Die Fensterscheiben zerbrachen, der Rabe schoß herein, flog krächzend durchs Zimmer und schlug mit seinen Flügeln die Lichter aus.
In dieser Nacht wurde die Else närrisch. Sie wohnte weiterhin auf der Burg und verließ sie tagsüber nie. Nur in mondhellen Nächten wusch sie manchmal ihre Wäsche am Dorfbrunnen. Wenn man sie dann fragte: »Else, wie geht's?«, murmelte sie: »Es wirft, es wirft, es wirft im Keller mit Steinen. Man kann kaum in den Keller gehen, so wirft es.«
Nun lebte nur noch der jüngste Sohn des Münzenbergers, dessen Schloß nicht untergegangen war. Er war ein freundlicher Mann, den alle Leute mochten. Auch ihn ereilte das Schicksal. Als er während eines der Kriegsgefechte zusammen mit seiner Frau in Eschau Zuflucht nehmen wollte, gingen, erschreckt von einem Blitz, auf der Schloßbrücke seine Pferde durch und rasten mitsamt dem Wagen ins Wasser. Die beiden letzten Münzenberger

ertranken. Das Schloß verfiel. Aus seinen Steinen soll das erste Haus in Unteraulenbach gebaut worden sein, das links am Weg steht, wenn man von Eschau her in das Dorf kommt.
Der Künigen- oder Küniginnenbrunnen soll noch oberhalb des Wildenseer Tals liegen, dort, wo das Schloß mit den vielen Schätzen versunken ist. Aber sicher ist das nicht. Nach der Pest wurden viele Brunnen zugeschüttet und andere neu angelegt. Auf jeden Fall soll das Wasser des Brunnens sehr bitter schmecken. Ob das nun daher kommt, daß einmal eine fremde Königin Tränen hineingeweint hat – wie es in der Sage heißt –, oder ob der unangenehme Geschmack von ausgespültem Metall herrührt, weiß niemand.
Einmal sollen Leute von weither aus dem Brunnen Sand geholt haben. Nachdem sie ein paarmal gekommen waren, blieben sie wieder weg, sagten vorher aber noch: »Jetzt kommen wir nicht mehr, denn wir haben nun Gold genug. Wenn die Leute wüßten, was in dem Sand ist, könnten sie alle reich werden.«
Ein Ausspruch, der Anreiz genug bieten sollte, einmal nachzuforschen, wo der Künigenbrunnen denn nun tatsächlich liegt.

Schatzsuche im Schwarzwald vom Albtal bis an die Schweizer Grenze

Keiner Seele ein Wörtchen!

Der Schatz im Burgstättleskopf

Ein Bergvorsprung bei Ettlingen im Albtal heißt Burgstättleskopf. Man nimmt an, daß dort die Burg Fürstenzell gestanden hat, die im 13. Jahrhundert urkundlich erwähnt wurde, dann aber wieder aus den Annalen verschwand. Obwohl man nicht genau weiß, ob die heute dort herumliegenden Steintrümmer wirklich von einer Burg stammen, beschäftigt sich eine ganze Reihe von Sagen mit dem reichhaltigen Schatz, der – ordentlich in Kisten verpackt – unter dem Burgstättleskopf liegen soll.
Nach einer dieser Sagen soll vor langer Zeit auf diesem Berg eine schöne Burg gestanden haben. In ihr wohnten drei Schwestern, von denen eine blind war. Den Mädchen war von ihren Eltern viel Geld hinterlassen worden. Als sie es teilten, betrogen die beiden sehenden Schwestern die blinde. Anstatt den Scheffel vollzufüllen, drehten sie ihn um und bedeckten nur den Boden mit Geld. Zunächst glaubte die Blinde beim Darübertasten, alles sei in Ordnung. Doch dann entdeckte sie den Betrug. Sie verwünschte ihre Schwestern und die Burg, die sofort mit all ihren Bewohnern und Schätzen in die Tiefe sank.
Eines der verwünschten Fräulein läßt sich seither öfters sehen. Meistens am ersten Freitag im März und im Advent. Es ist weiß gekleidet, trägt einen Schlüsselbund am Gürtel und ein weißes Henkelkörbchen am Arm.

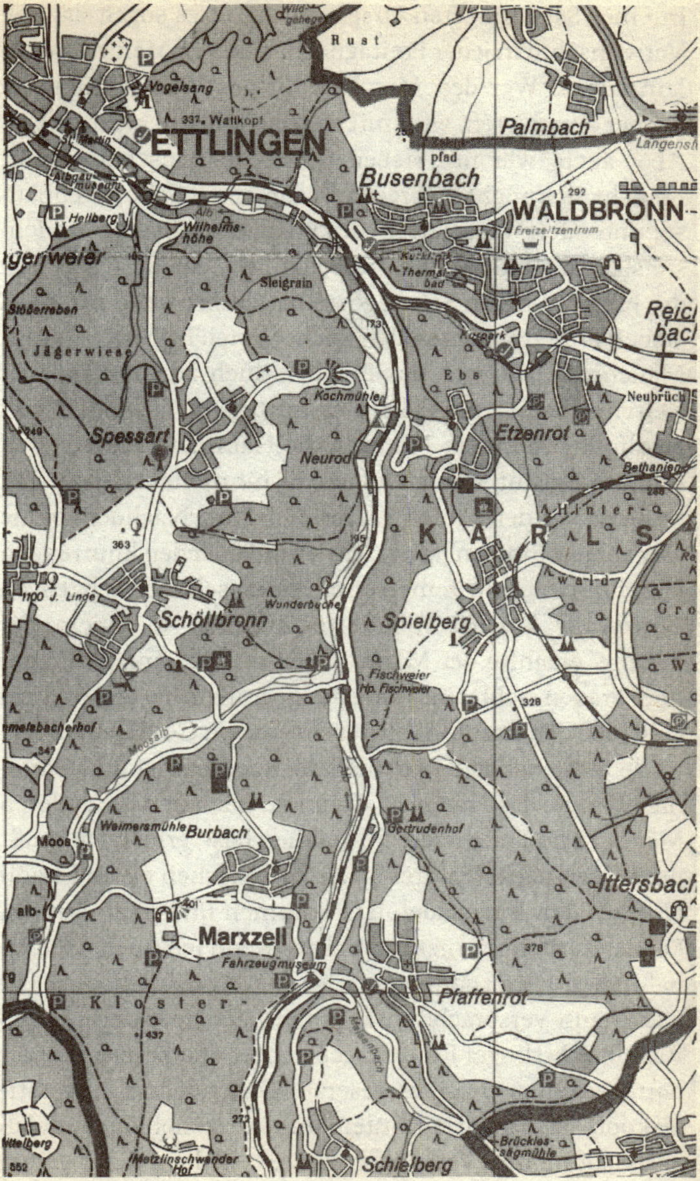
Rust
Vogelsang
337. Wattkopf
ETTLINGEN
Palmbach
pfad
Busenbach
292
WALDBRONN
Hellberg
Wilhelmshöhe
Freizeitzentrum
Thermalbad
Sleigrain
Stößerreben
Jägerwiese
Reichenbach
173
Kurpark
Ebs
Kochmühle
Neubrüch
Spessart
Neurod
Etzenrot
Bethanien
Hinter-
K A R L S
363
1100 J. Linde
Wunderbuche
wald
Schöllbronn
Spielberg
Fischweier
Hp. Fischweier
328
Moosalb
Weimersmühle
Burbach
Gertrudenhof
Moos
Ittersbach
Marxzell
Fahrzeugmuseum
376
Kloster-
437
Pfaffenrot
272
Brückles-
sägmühle
Metzlinschwander Hof
Schielberg
552

In einer Sage jüngeren Ursprungs heißt es sogar, daß die Verwünschte in jeder Freitagnacht aus dem Märzenbrünnlein trinkt. Wer den Mut hat, ihr das Wasser in einem Becher anzubieten, wird mit sieben Goldstücken belohnt. Aber auch, wer nur sieben Schneckenhäuschen erhält, braucht sich nicht zu ärgern. Wenn er die Schneckenhäuser unter den Wasserstrahl des Brunnens hält, verwandeln sie sich in Gold. Auch wird behauptet, daß derjenige von der Jungfrau in ein Schatzgewölbe geführt wird, der ihr in sieben Freitagsnächten den Becher gereicht hat.
Manchmal läßt sich das Fräulein auch zu ganz anderen Zeiten sehen. Einmal kam es mittags zwischen elf und zwölf Uhr zu einem Mann in die Hammerschmiede und forderte ihn auf, ihm zu folgen. Es führte ihn zu einer Tür im Berg, vor der ein schwarzer Pudel lag. Nachdem es die Tür aufgeschlossen hatte, stiegen sie über den knurrenden Hund hinweg und kamen durch einen schönen schattigen Garten in kostbar möblierte Zimmer. In einem der Räume, erzählte der Mann, saßen etwa zwanzig Männer und Frauen schlafend an einem großen Tisch, und im Gewölbe dahinter funkelte es nur so von Gold und Silber.
»Alle diese Schätze und auch die Burg kannst du bekommen«, sagte das Fräulein, »wenn du mich und die anderen Männer und Frauen, die du gesehen hast, erlöst. Du mußt nur in den nächsten drei Nächten zwischen elf und zwölf Uhr auf den Burgstadelplatz kommen und mich küssen. Du darfst nicht zurückschrecken, wenn ich mich dabei in häßlichen Verwandlungen zeige.«
Der Mann versprach, zu kommen. Nachdem er auf den Rat eines Ettlinger Jesuiten gebeichtet und kommuniziert hatte, erschien er zur festgesetzten Zeit auf dem Burgstättleskopf. Da stand das Fräulein und sah so lieblich aus, daß er es sofort mit Vergnügen küßte. Auch in der zweiten

Nacht küßte er es, obwohl es da in Gestalt einer großen warzenbedeckten Kröte erschien und gar nicht mehr begehrenswert war. In der dritten Nacht kam es als Schlange angekrochen, mit einem Schlüsselbund im Maul. Auch diesmal war der Mann bereit, es zu küssen. Da bewegte sich die arme Jungfrau so heftig, daß der Mann voll Ekel zurückschreckte und davonlief.

»Jetzt muß ich wieder viele Jahre umgehen«, rief sie weinend. »Gerade ist eine Eichel zur Erde gefallen. Aus ihr wird der Baum wachsen, der das Holz zu der Wiege liefert, die für den Menschen bestimmt ist, der mich als nächster erlösen kann.« Bei diesen Worten rumpelte und krachte es im Berg, als ob er zusammenstürzen wollte. Der Mann starb wenige Tage nach dem Erlebnis.

Ein Bauer, dessen Schwein sich verlaufen hatte, kam wenigstens mit dem Leben davon. Er hatte sich eine Gerte von einem Haselstrauch geschnitten und suchte das Tier im Gebüsch beim Burgstättleskopf. Dabei berührte er zufällig mit der Haselrute die Bergwand, die sich öffnete. Er blickte in ein Gewölbe und sah dort das weiße Fräulein und verschiedene Kisten. Auf einer Kiste lag ein Hund mit einem Schlüsselbund im Maul. Der Mann war nicht bange und betrat den Berg. Da schloß das Fräulein mit den Schlüsseln die Kisten auf und zeigte ihm, daß sie voll von Gold und Edelsteinen waren.

»Nimm dir davon, soviel du willst«, sagte es zu ihm. »Aber vergiß das Beste nicht!«

Der Mann warf die Gerte weg und packte ein, was er tragen konnte. Erst als er wieder im Freien stand und sich umschaute, begriff er, was das Fräulein gemeint hatte. Der Fels hinter ihm war wieder undurchdringlich, und die Taschen an seinem Rock waren leer. Er hatte das Beste, die zauberkräftige Haselrute, im Berg vergessen.

Auch einem Schäfer, der oberhalb der Kalbenklamm auf der Flöte blies, erschien das Fräulein. Es führte ihn an einen Platz, der voller Schlüsselblumen stand. Der Schäfer mußte eine der Blumen abbrechen und damit auf dem Burgstättleskopf eine Tür aufschließen. Im Berg erging es ihm wie seinerzeit dem Bauern, nur daß in den Kisten kein Gold, sondern Schafszähne lagen. Mißmutig steckte er ein paar davon in die Tasche. Die Schlüsselblume ließ er im Berg liegen.

Auch ihm rief die Jungfrau zu: »Vergiß das Beste nicht!« Doch auch er verstand nicht, was sie meinte. Die wenigen Schafszähne, die er eingesteckt hatte, verwandelten sich später in Gold. Aber in den Berg kam er nie wieder hinein.

Eine ganz andere Aufgabe stellte das Fräulein einem Knecht aus der Sägemühle.

Der sah einmal bei Tagesanbruch, wie eine weiße Jungfrau an der Alb einen Kübel mit Wasser füllte und ihn den Berg hinauftrug. Am anderen Morgen ging der Mann ganz früh an den Fluß, wartete auf das Fräulein und bot ihm an, den Kübel zu tragen.

»Das ist nett von dir«, sagte die Jungfrau. »Bring ihn mir hinauf zum Burgstadel.«

Das tat der Knecht. Er schleppte den Kübel durch eine Höhle in ein Zimmer, in dem viele Kisten und ein Faß standen. Außerdem lag auf einem schönen bunten Samtkissen ein Hund. Die Jungfrau bat den Knecht, das Wasser in das Faß zu schütten. Dann sagte sie zu ihm: »Du kannst mich erlösen und all die Schätze hier bekommen, wenn du mich, nachdem ich mich in einen Frosch verwandelt habe, dreimal um dieses Faß trägst. Hab keine Angst, wenn der Hund dich anbellt und nach dir schnappt. Er wird dir nichts zuleide tun.«

Gleich darauf verwandelte sie sich in einen Frosch. Der Knecht nahm ihn in die Hand und fing an, um das Faß herumzugehen. Beim ersten Rundgang bellte der Hund schon sehr laut, beim zweiten machte er einen fast unerträglichen Lärm, und beim dritten geiferte und knurrte er so furchterregend und bellte so ohrenbetäubend, daß der Knecht den Frosch fallen ließ. Im nächsten Augenblick fand er sich ganz verdattert vor dem Berg wieder.

Viele Leute wollen auf dem Burgstättleskopf einen offenen Keller mit Kisten voll Gold gesehen haben. Aber bis heute gelang es keinem, den Schatz zu heben, und so wartet die Jungfrau noch immer auf ihre Erlösung.

Das goldene Kegelspiel auf der Iburg

Hoch über dem Dorf Varnhalt bei Baden-Baden steht eine alte Veste, deren Ursprung nicht bekannt ist: die Iburg. Erwähnt wurde sie zum erstenmal im Jahr 1245. Nachdem sie während der Bauernaufstände belagert und teilweise zerstört worden war, baute man sie wieder auf. Im pfälzischen Erbfolgekrieg wurde sie dann 1697 endgültig zerstört.

Ende des 16. Jahrhunderts hatte sich Markgraf Fortunatus in einigen Räumen der Burg ein alchimistisches Laboratorium eingerichtet. Beharrlich suchte der tiefverschuldete, leichtsinnige Adlige dort mit zwei italienischen Alchimisten nach dem »Stein der Weisen«, mit dem man angeblich Metalle und sogar Steine in Gold verwandeln konnte. Nebenbei beschäftigte er sich auch noch mit Giftmischerei und dem Prägen von Falschgeld.

Er versuchte auch, durch Zauberei den Durlacher Markgrafen Georg Friedrich zu töten, der ihm sein Herrschaftsgebiet streitig machte. Die Alchimisten formten unter Zaubersprüchen eine Wachsfigur des Grafen und schossen darauf. Eigentlich hätte Georg Friedrich daraufhin tot sein müssen, doch die Kugel traf nicht den abwesenden Körper, sondern den ganz realen Leib der Tochter des Kastellans. Das Mädchen hatte hinter der Brettertür gestanden, an der das Amulett befestigt gewesen war. Es starb und soll seitdem auf der Iburg umgehen. Die beiden Italiener

wurden später festgenommen und enthauptet. Fortunatus starb 1600, nachdem er lange Jahre als Glücksritter durch das Land gezogen war.
Nicht nur die schöne Kastellantochter haust als Geist auf der Iburg. Auch andere Spukgestalten haben dort ihr Quartier seit der Zeit, als die Franziskanermönche des Klosters Fremersberg alle Geister der Umgegend in Säcken und Schachteln gefangen und über den Klopfengraben auf die Iburg gebracht haben. Viel Platz ist da nicht für ein einzelnes Gespenst. Zumal in einer anderen Sage erzählt wird, daß die Burg von Tempelherren erbaut wurde, die alle in einer Nacht umgebracht wurden und jetzt auch als Geister auf der Iburg wohnen. Sogar Riesen und Zwerge soll man dort schon gesehen haben. Und unten im Klopfengraben haust ein Kobold, der es hauptsächlich auf Betrunkene abgesehen hat, wovon sicher auch heute noch mancher etwas erzählen kann.
Früher hörte man oft lautes Geschrei auf der Iburg, und Leute, die dort entlanggingen, wurden mit Steinen beworfen. Das ist allerdings in den letzten Jahrzehnten nicht mehr vorgekommen. Ebenso scheinen die Geister es sich abgewöhnt zu haben, auf dem Burghof mit goldenen Kegeln zu spielen. Die Sagen berichten, daß sie oft Kegel und Kugeln an Leute verschenkten, die ihnen die Kegel aufstellten. Da sie trotzdem immer wieder ein vollständiges Kegelspiel hatten, ist es nicht undenkbar, daß unten im Iberg eine Goldschmiede liegt, in der diese Kegelspiele hergestellt werden.
Ein Mann aus Umweg wachte in einer sehr hellen Mondnacht auf und dachte, es sei schon Tag. Er stand auf und ging auf die Iburg, um Holz zu holen. Da er wußte, daß das verfallene Gemäuer schon lange nicht mehr bewohnt war, wunderte es ihn, daß im Burghof eine Menge Leute in

Südlich von Baden-Baden: die Iburg

den verschiedensten Trachten kegelten. Er verstand ihre Sprache nicht, als sie ihm aber winkten, die Kegel aufzusetzen, tat er es ohne Bedenken. Das Spiel zog sich hin, bis in Steinbach die Frühglocke läutete. Augenblicklich verschwanden Leute und Kegelspiel. Nur der Kegel, den der Mann gerade aufstellen wollte, blieb ihm in der Hand. Als er ihn zu Hause zeigte, war er aus reinem Gold.

Einem Mann aus Neuweier legte die nächtliche Gesellschaft nach beendetem Spiel sogar alle neun Kegel in

seinen Tragkorb. Unterwegs wurde dem dummen Kerl die Last zu schwer. Er warf alle Kegel heraus bis auf einen. Als er später entdeckte, daß er acht goldene Kegel weggeworfen hatte, geriet er außer sich vor Zorn.
Nicht nur goldene Kegelspiele gibt es auf der Iburg. Ein Schäfer, der an der Burg seine Schafe gehütet hatte, erzählte, ein Mann sei auf ihn zugekommen und habe ihn aufgefordert, mit in die Burg zu gehen.
»Das geht nicht«, sagte der Schäfer. »Ich kann meine Tiere nicht allein lassen. Sie würden davonlaufen.«
»Da mach dir keine Sorgen«, antwortete der Mann. »Sie werden sich nicht vom Fleck rühren.«
Der Schäfer vertraute ihm und folgte ihm in den alten Turm. Dort saßen vier reichgekleidete Männer an einem Tisch und tranken roten und weißen Wein. Der Schäfer durfte auch von dem Wein trinken. Die Männer stellten ihm allerhand Fragen. Als sie hörten, wie arm er war, schenkten sie ihm, ohne eine Gegenleistung zu verlangen, zweitausend Gulden. Als der Schäfer wieder zu seiner Herde kam, war der Platz, auf dem die Schafe weideten, von einem undurchdringlichen Spinngewebe umgeben. Die Tiere konnten nicht eher weiterziehen, bis die Spinne, die das Netz gesponnen hatte, ihre Fäden wieder zerstört hatte.
Die Geister machen sich kaum mehr bemerkbar, seit Ausflügler in großen Scharen auf der Iburg herumspazieren und in der Gastwirtschaft dort sitzen. Sollte aber zufällig jemand einmal ganz allein auf der Iburg sein – zum Beispiel in einer hellen Mondnacht an einem für Geistererscheinungen günstigen Datum –, wird er vielleicht die Kegelspieler oder die Weintrinker treffen. Der Sage nach lohnt sich das, und ein Sonntagskind hat auch heute noch die Chance, ein Geschenk von ihnen zu bekommen.

Melusine und der Schatz im alten Durbacher Schloß

In der Nähe des Weinortes Durbach im Ortenaukreis liegen hinter dem Schloß Staufenberg auf einem heute mit Wald bewachsenen Hügel die Reste der Stollenburg, die 1328 vom Bischof von Straßburg zerstört wurde. Nur noch wenige Steine von ihr sind zu sehen, und wer nicht weiß, wo im Stollenwald er suchen muß, findet sie kaum. Unter dieser Burg, die im Volksmund das alte Durbacher Schloß genannt wird, soll ein Schatz sein. Er wird von einer Dame bewacht, die sich Melusine nennt.

Der Sage nach ist diese Melusine eine wunderschöne Frau mit langen blonden Haaren und blauen Augen und einer herrlichen Stimme. Aber sie hat keine Finger an den Händen, sondern nur trichterförmige Vertiefungen, und an Stelle der Beine hat sie einen Schlangenschwanz, der unter ihrem langen weißen Kleid geschickt versteckt ist.

Als einmal der Sohn eines Staufenberger Amtmannes im Stollenwald Vögel fing, lockte Melusine ihn mit ihrem Gesang auf den Berg und sagte zu ihm: »Bitte erbarm dich meiner und erlöse mich! Ich warte schon so lange auf dich.«

»Wer bist du denn?« fragte der junge Mann.

»Ich bin des Himmel-Stollens Tochter und heiße Melusine. Wenn du mich erlöst, gehöre ich dir und mein Brautschatz auch.«

»Was muß ich für deine Erlösung tun?« fragte der Bursche.
»Du mußt mich an drei aufeinanderfolgenden Tagen morgens um neun Uhr dreimal küssen. Du darfst dabei nicht erschrecken, auch nicht, wenn ich in furchterregenden Verwandlungen erscheine.«
»So leicht graust es mir nicht«, sagte der Bursche, der inzwischen bemerkt hatte, daß die Melusine nicht ganz so vollkommen war, wie sie auf den ersten Blick erschien. »Wann soll ich anfangen?«
»Wenn du willst, jetzt gleich«, sagte Melusine, und es fiel dem jungen Mann nicht schwer, sie dreimal auf ihre vollen Lippen zu küssen.
Am nächsten Tag erschien sie mit Flügeln und einem Drachenschwanz. Da ihr Gesicht sich aber nicht verändert hatte, machte es dem jungen Mann auch diesmal nichts aus, sie zu küssen. Auch als sie am dritten Tag einen Krötenkopf hatte, wollte der Bursche zu seinem Wort stehen. Doch da umschlang sie ihn plötzlich mit ihrem heftig pulsierenden Schwanz und zog ihn ganz nah zu sich heran.
»Entweder du läßt mich sofort los, oder du tust deinen ekelhaften Krötenkopf fort!« protestierte der Bursche und versuchte, sich aus der Umklammerung zu befreien. Da schrie Melusine laut auf und klopfte verzweifelt mit ihrem Schwanz auf den Boden. Der öffnete sich, und mit einem letzten furchtbaren Blick auf den jungen Mann versank sie in der Erde.
Dem Burschen tat es leid, daß er die Melusine nicht erlöst hatte, aber von da an hatte er auch Angst vor ihr. Deshalb machte er immer einen großen Bogen um den Stollenwald. Trotzdem gelang es Melusine, sich auf unbarmherzige Weise an ihm zu rächen. Als der Bursche einige Jahre später heiratete und auf Schloß Staufenberg beim Hoch-

Schloß Staufenberg: Auch hier geistert die Melusine

zeitsessen saß, öffnete sich ein Spalt in der Decke, und ein Tropfen Blut fiel unbemerkt auf seinen Teller. Er aß von der vergifteten Speise und sank tot zu Boden. Im selben Moment sahen die Leute einen kleinen Schlangenschwanz, der in die Decke zurückschlüpfte. Eine steinerne Tafel mit dieser Geschichte, die der Vater des Burschen aufschreiben ließ, ist heute noch auf dem Staufenberg zu sehen.

Im Jahr 1799 schloß ein fünfzehnjähriges Hirtenmädchen, das in Durbach auf dem Eisenbühl diente, beinahe Freundschaft mit der Melusine.

Die verwünschte Frau zeigte sich dem Mädchen an einem Platz hinter dem Stollenwald, der »bei den zwölf Steinen« heißt. Als das junge Ding bei ihrem Anblick erschreckte und davonlaufen wollte, beruhigte sie es sehr freundlich und sagte: »Ich beobachte dich schon lange und konnte es kaum erwarten, endlich mit dir zu sprechen. Denn wenn du achtzehn Jahre alt geworden bist, wirst du mich erlösen können.«

»Woher kannst du das wissen?« fragte die Hirtin erstaunt.

»Weil du in der Wiege gelegen hast, die aus den Brettern eines Tannenbaumes gemacht wurde, der hier bei den zwölf Steinen als doppelter Baum aus einer Wurzel wuchs. Als er hundert Jahre alt war, fällten ihn am Wunibaldstag zwei ledige junge Männer. Sie brachten den stärkeren Stamm am Dagobertstag auf einem Schlitten ins Tal. Dort wurde die Wiege für dich gezimmert.«

»Das hört sich verwirrend an«, sagte das Mädchen. »Was muß ich denn tun, um dich zu erlösen?«

»Das werde ich dir an deinem achtzehnten Geburtstag sagen«, erwiderte Melusine. »Vorher will ich dir aber zeigen, was du bekommst, wenn ich endlich erlöst bin.«

Sie führte das Mädchen beim Wolfsloch in den Stollenberg hinein. Am Eingang lagen drei Riesen mit Speer und Harnisch und schliefen. Hinter ihnen standen sechs Kisten, auf denen sechs Hunde saßen. Melusine rasselte mit ihrem Schlüsselbund, da sprangen die Hunde von den Kisten. Als sie die Kisten aufschloß, konnte das Mädchen sehen, daß sie bis obenhin mit Gold gefüllt waren.

»Das wird alles dir gehören«, sagte Melusine und verschloß die Kisten wieder. Die Hunde sprangen sofort auf ihre Plätze zurück. Melusine und das Mädchen verließen den Berg, der sich hinter ihnen wieder schloß.

Die beiden trafen sich oft, und bald wußte das ganze Tal, daß die Verwünschte in absehbarer Zeit von dem Mädchen erlöst werden sollte. Viele Leute besuchten die Hirtin, machten ihr Geschenke und sagten: »Denk an mich, wenn du reich bist!«

Schließlich machte der Pfarrer dem Treiben ein Ende. Er drohte von der Kanzel herab dem Mädchen mit der Kirchenbuße, wenn es noch einmal mit der verfluchten Unirdischen reden sollte. Das schüchterte das junge Ding ein, und Melusine blieb auch diesmal unerlöst. Das Mädchen arbeitete noch Anfang des 19. Jahrhunderts als Näherin auf den Höfen der Gegend. Es lebte still und zurückgezogen und hat nie mehr über das ungewöhnliche Erlebnis in seiner Jugend gesprochen.

Der Schatz im alten Durbacher Schloß scheint über die Grenzen Deutschlands bekannt gewesen zu sein. Im Jahr 1780 soll ein österreichischer Geistlicher versucht haben, ihn durch Magie zu bekommen. Er mietete in Durbach eine Wohnung und beredete ein paar Männer aus dem Dorf, darunter auch einen Priester, mit ihm den Schatz zu heben. Da er ihnen allen einen großen Anteil an den Kostbarkeiten versprach, machten die Leute mit. Sie begleiteten den Geistlichen mehrmals nachts auf das alte Schloß und sprachen dort unter seiner Anleitung bestimmte Gebete. In der letzten Nacht zelebrierte der Priester eine Zwangsmesse, um den Teufel an den Platz zu bannen; der Österreicher war dabei Meßdiener. Kaum war die Messe beendet, da erhob sich aus dem Boden ein großer Berg glänzender Goldstücke. Die Männer luden das Geld schweigend auf einen mit vier Rappen bespannten Wagen und fuhren es zu der Wohnung des Magiers. Als sie schon in dessen Haus waren, vergaß einer, daß vor der Verteilung eines Schatzes kein Wort gesprochen werden darf. Er rief: »Jetzt haben wir das Geld! Jetzt sind wir reich!«

Da lag statt des Goldes ein Haufen Sand auf dem Tisch, und der Geistliche war spurlos verschwunden.

Der einzige Mensch, der der Sage nach einen Teil des Schatzes bekommen und auch behalten hat, war ein

Junge, der an einem Sonntag im Stollenwald Vogelnester ausnahm. Er erzählte, daß ihn jemand angesprochen habe, den er für einen fahrenden Schüler hielt. Der habe zu ihm gesagt: »Geh mit mir und nimm aus jeder Kiste, die ich aufmache, eine Handvoll Geld, aber nicht mehr. Und rede kein Wort dabei!«

Ganz aufgeregt über das ungewöhnliche Abenteuer folgte ihm der Junge auf das alte Durbacher Schloß. Dort holte der Schüler aus einem Büschel Moosfarn einen Schlüssel hervor und schloß damit eine unter dem Laub versteckte Steintür auf. Sie stiegen eine Treppe hinab und kamen in drei Gewölbe, die voller Kostbarkeiten waren. Im ersten Gewölbe öffnete der Schüler eine Kiste voller Silbergeld, im zweiten eine Kiste voller Goldstücke, von der er erst einen schwarzen Pudel verjagen mußte, und im dritten eine Kiste mit Kupfermünzen. Aus jeder Kiste nahm der Junge schweigend eine Handvoll heraus. Dann ging er mit dem jungen Mann wieder ins Freie. Der schloß die Steintür zu, legte den Schlüssel ins Farnkraut und verschwand. Als der Junge das Geld heimbrachte und erzählte, wie er dazu gekommen war, mußte er mit seinem Vater gleich wieder an die Stelle zurückgehen. Aber so gründlich sie auch suchten: Das Büschel Moosfarn, unter das der Schüler den Schlüssel gelegt hatte, und auch die verborgene Steintür waren nicht mehr zu finden.

Der Schatz ist noch zu heben. Der Sage nach wird einem Menschen, der noch nie eine Sünde begangen hat, die Melusine erscheinen, wenn bei den zwölf Steinen wieder zwei Tannen aus einer Wurzel wachsen.

Das goldene Kalb und die versunkene Stadt Benau

In Oberwolfach im Ortenaukreis, einem alten Bergbaugebiet, soll im Ortsteil Schwarzenbruch westlich des Gütschkopfes, etwa an der Stelle, wo heute der Moosbauernhof steht, vor langer, langer Zeit eine Stadt gelegen haben, die Benau hieß.
Ihre Bewohner waren so reich, daß sie vor Übermut nicht mehr wußten, was sie noch anstellen sollten. Sie führten heidnische Sitten ein und beteten zuletzt sogar ein Kalb an, das sie sich aus reinem Gold angefertigt hatten. Das mißfiel Gott, und er ließ die Stadt Benau in einer Nacht mit all ihren Menschen und allem Reichtum, der in ihr angehäuft war, untergehen. Auch das goldene Kalb sank tief in die Erde und soll noch heute dort sein.
Immer wieder haben Schatzgräber nach Mitteln und Wegen gesucht, das kostbare Tier an die Oberfläche zu bringen – ohne Erfolg.
Im Jahr 1800 waren zwei Männer aus Oberwolfach der festen Überzeugung, daß es ihnen glücken würde, das goldene Kalb zu bergen. Sie hatten sich in den Besitz eines Erdspiegels gebracht und darin gesehen, daß das Kalb bei einem Goldbrünnchen auf einer eisernen Kiste stand. Sie legten ihr Geld zusammen und trieben einen Stollen in den Berg, der genau an dieser Stelle endete. Schon packte einer der Männer das Kalb am Schwanz, um es durch den

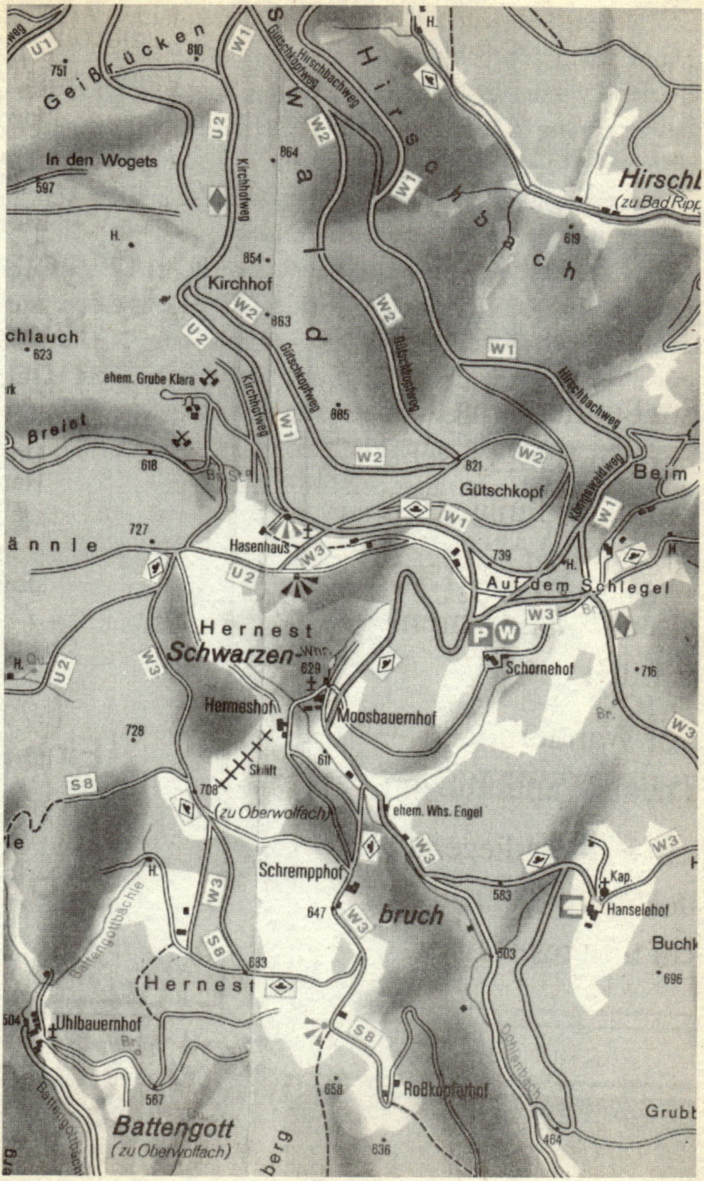
Geißbrücken
810
751
In den Wogets
597
Kirchhofweg
Gütschkopfweg
Hirschbachweg
Hirschbach
Wald
864
854
Kirchhof
863
chlauch
623
ehem. Grube Klara
885
Breist
618
Hirschl
(zu Bad Ripp
619
Gütschkopf
821
Königswaldweg
Beim
727
Hasenhaus
739
Auf dem Schlegel
Hernest
Schwarzen-
Whr.
629
Schornehof
716
Hermeshof
Moosbauernhof
728
Skilift
611
708
(zu Oberwolfach)
ehem. Whs. Engel
Schrempphof
Kap.
583
Hanselehof
647
bruch
Buchk
603
696
683
Hernest
Uhlbauernhof
504
Battengottbächle
Roßkopfhof
658
Döttlersbach
567
Battengott
(zu Oberwolfach)
636
464
Grubb
W1
W2
W3
U1
U2
S8

Stollen nach oben zu ziehen, da bekam er von unsichtbarer Hand solch schreckliche Ohrfeigen, daß er den Schweif heulend wieder losließ. Dem anderen Mann muß es nicht besser ergangen sein, denn beide erschienen völlig verstört und ohne den Schatz wieder am Tageslicht. Der eine Mann erblindete nach kurzer Zeit, und der andere wurde tobsüchtig. Beide starben als bettelarme Leute.

Ob die untergegangene Stadt Benau eine Bergarbeiterstadt gewesen ist, die verlassen wurde, als Hochwasser die Stollen überschwemmte, oder eine römische Niederlassung, weiß man nicht. Möglicherweise hat es auf dem Schwarzenbruch überhaupt nie eine Stadt gegeben. Wenn das goldene Kalb aber wirklich existiert, so kann es nur in einem der vielen verlassenen Stollen stehen.

Der Goldschatz in der Hochburg

Auf einem Felsen des Hornwaldes liegt bei der Stadt Emmendingen im Breisgau die Ruine der alten Veste Hochburg. Die Burg brannte 1684 aus und wurde 1689 durch die Franzosen gesprengt.

Die Sagen erzählen, daß in den unterirdischen Räumen der Hochburg wertvolle Schätze liegen, die während der vielen Kriege dort versteckt worden sind: Gold, Edelsteine, Silber und Perlen. Eine Jungfrau hütet diesen Schatz. In sehr stillen und finsteren Nächten soll sie sich zeigen. Sie geht durch die zerstörten Hallen, über die Gänge und Treppen, durch die Höfe und um die Ringmauern. Um Mitternacht steht sie auf dem Turm und schaut ins Land. Manchmal singt sie dabei. Von Zeit zu Zeit geht sie sogar singend ins Tal hinunter und wäscht sich Gesicht und Hände im Brettenbach. Wenn sie dann wieder zurück zur Hochburg wandert, weint sie ohne Unterlaß, bis sie wieder in den Ruinen verschwindet.

Warum die Jungfrau weint, wird sich jeder denken können. Sie ist es leid, Jahrhundert um Jahrhundert in den alten Ruinen zu verbringen. Dabei haben schon viele versucht, sie zu erlösen. Manche sind sogar reich dabei geworden. Doch keiner hat es bis heute vermocht, sie von dem Fluch zu befreien, der sie auf die Burg bannt.

Einem Bauern aus Windenreute erschien sie, als er von der

Mühle am Fuß der Hochburg im Sexauer Tal einen Sack Mehl geholt hatte. Es war eine sehr finstere Nacht, als die Jungfrau plötzlich vor dem erschrockenen Mann stand, der sich mit dem schweren Mehlsack abschleppte.

»Komm mit auf die Hochburg«, sagte sie zu ihm. »Dort liegt ein großer Schatz für dich.«

»Wahrhaftig?« fragte der Bauer und lehnte den Sack an den nächsten Baum.

»Wahrhaftig!« antwortete die Jungfrau. »Du kannst den Schatz unter einer Bedingung bekommen. Du darfst nur so viel davon nehmen, wie du ohne abzusetzen nach Hause tragen kannst.« »Das ist eine Menge«, sagte der Bauer. »Ich kann viel tragen!« »Du mußt gar nicht viel nehmen«, meinte die Jungfrau. »Denn du kannst wiederkommen und dir mehr holen, sooft du willst. Aber immer nur so viel, wie du tragen kannst. Wenn du alle Schätze geholt hast, bin ich erlöst.«

Der Windenreuter war nicht bange. Ohne zu zögern, schüttete er das Mehl aus dem Sack und folgte der Jungfrau in die Hochburg. Sie gingen eine bemooste Treppe hinunter, durch ein halbverrostetes Eisentor und durch feuchte Hallen bis in ein großes Gewölbe, in dem lautes Hundegebell zu hören war. Der Hund, der solchen Lärm machte und sich aufregte wie zehn Teufel, stand auf einer großen eisernen Truhe. Die Jungfrau schnippte mit den Fingern, da sprang er herunter und war still. Ganz von allein hob sich der Deckel der Truhe. Der Bauer sah, daß sie bis oben hin voll Gold war. Ohne Zeit zu verlieren, füllte er seinen Sack damit. Zwischendurch hob er ihn immer wieder leicht an, um das Gewicht zu prüfen. Doch ein Goldstück erschien ihm schöner als das andere, und als er den Sack endlich zuband, war der ziemlich schwer. Er wuchtete ihn gutgelaunt auf die Schultern und ging den Weg zu-

Die Hochburg bei Emmendingen

rück. Anfangs machte ihm die Last auf seinem Rücken nicht viel aus. Er war ja schwere Säcke gewöhnt. Doch je länger er ging, desto mehr spürte er, daß er sich zu viel zugemutet hatte. Entsetzt fühlte er, wie ihm die Knie unter dem Leib wegknickten. Kurz vor seinem Haus konnte er nicht mehr. Der Sack rutschte von seinen Schultern und knallte auf den Boden. Der Bauer bekam einen heftigen Schlag in den Nacken und brach bewußtlos zusammen. Er erholte sich zwar später wieder, aber das Gold war und blieb verschwunden.

Mehr Glück hatten drei Männer aus Oberprechtal und Biederbach. Sie waren so arm, daß ihnen der Schatz auf der Hochburg als letzter Ausweg erschien. Ein dreiviertel Jahr lang beteten sie jede Freitagnacht von elf bis zwölf Uhr das

Christophelsgebet in den Ruinen. Ihre Gesichter preßten sie an den Boden, während um sie herum das höllische Geisterheer heulte und tobte. Endlich erschien die weiße Jungfrau und sagte genau das, was sie sich erhofft hatten: »Weil ihr unverschuldet in Not geraten seid, will ich euch die Möglichkeit geben, einen Teil des Schatzes zu heben. Kommt am nächsten Gründonnerstag nachts zwischen halb zehn und zwölf Uhr wieder an diesen Platz. Doch laßt euch von keinem Geisterspuk verwirren.«

Pünktlich waren die Männer zur Stelle. Sie beteten ebenso inbrünstig wie erwartungsvoll, daß alles gutgehen möge. Plötzlich hörten sie ein Geräusch wie von einer rollenden Kugel. Vor ihnen stieg eine offene Kiste mit Gold und Edelsteinen aus dem Boden. Als sie darauf zustürzten, tat es einen lauten Donnerschlag. Um sie herum krachte, blitzte und heulte es so grauenerregend, daß sie alles fallen ließen und davonliefen.

Der Mann aus Biederbach war der mutigste von den dreien. Er wagte sich bei Tagesanbruch wieder in die Nähe der Burg. Die Kiste war verschwunden, aber an der Stelle, an der sie sich aus dem Boden erhoben hatte, lag ein großer Haufen getrockneten Kuhmists. »Wenn schon kein Geld, dann doch wenigstens einen Spaß«, dachte der Biederbacher, füllte den Mist in einen Sack und warf ihn in der folgenden Nacht einem der Oberprechtaler ins Zimmer.

Am anderen Morgen kam der brave Oberprechtaler völlig aufgelöst zu seinem Freund gelaufen und erzählte, daß bei ihm im Zimmer ein Sack mit Kronentalern läge. Es sollen im ganzen an die fünftausend Taler gewesen sein, die die Männer ehrlich untereinander teilten.

Durch einen Hirtenjungen vom unterhalb der Burg gelegenen Meierhof erfuhren die Leute, daß auf der Hochburg außer der Jungfrau noch andere Hüter des Schatzes leben.

Als der Junge eines Sonntags zwischen den Ruinen herumkroch, sah er durch ein Mauerloch einen großen Saal, der ganz mit roten Teppichen ausgelegt war. An einem Tisch saßen zwölf Männer in kostbarer Kleidung bei einem Festessen. Sie aßen und tranken aus goldenem, mit Edelsteinen besetztem Geschirr, und der Duft der Speisen zog dem Jungen in die Nase. Als sie ihm winkten, herunterzukommen und mitzuessen, verlor er keine Zeit, sondern sprang hinab und griff zu.

Nach dem Essen holten die Männer zwei schwere goldene Kugeln und neun goldene Kegel und ließen den Jungen die Kegel aufstellen. Nachdem sie eine Zeitlang gespielt hatten, gab ihm einer der Männer vier Goldstücke als Lohn.

Gleich darauf verschwand der Saal mit den Männern, dem gedeckten Tisch und dem goldenen Kegelspiel von einem zum anderen Augenblick. Der Junge stand vor der Burg in der frischen Luft.

Als er zum Meierhof zurückkam, hörte er erstaunt, daß er drei Tage weggewesen war und man ihn schon überall gesucht hatte. Man setzte ihm arg zu, aber er fand das Loch nicht wieder, durch das er in den Saal gesprungen war.

Die verzauberte Jungfrau auf der Wiesneck

Auf einem ins Dreisamtal vorgeschobenen Hügel der Gemarkung Buchenbach lag bei Kirchzarten im Hochschwarzwald die Burg Wiesneck, die im Mittelalter ein berüchtigtes Raubnest war. 1644 wurde sie von schwedischen Soldaten zerstört. Heute gehören ihre spärlichen Ruinenreste zu dem Gelände der Friedrich-Husemann-Klinik in Buchenbach.

Auf der Wiesneck soll seit Jahrhunderten ein Fräulein geistern, das sich im Gegensatz zu so vielen anderen weißen Frauen meistens am Tag sehen läßt. Weißgekleidet wandert es stundenlang in den Gemäuern der Burg umher. Das Fräulein scheint sehr schüchtern zu sein, denn es läßt sich nur selten blicken. In der Gegend erzählt man sich, daß jemand, der ein schlechtes Gewissen oder böse Gedanken hat, das Burggelände lieber meiden soll. Es könnte ihm sonst passieren, daß Dornen nach ihm greifen und sich so an ihm festkrallen, daß er nur mit zerrissenen Kleidern und zerkratzter Haut wieder loskommt. Manchmal fallen auch Steine dicht neben solchen Leuten herab.

Früher soll sich das Fräulein häufiger gezeigt und auch ab und zu Menschen geholfen haben, die in Not waren. Zu jener Zeit ging es bei der Burgruine recht lebhaft zu. Die Schäfer trieben um die Mittagszeit ihre Herden zu dem Brunnen hinter der Burg. Sie selber setzten sich dort in den

Schatten, schnitzten ihre Hirtenstäbe und versuchten, neue Lieder auf ihren Flöten zu blasen.
Vor vielen Jahren – so erzählt die Sage – zeigte das Fräulein für einen der Hütejungen eine besondere Vorliebe. Vielleicht gefiel es ihr, daß er meistens etwas abseits saß und las. Anfangs zeigte sie sich ihm nur von fern und lächelte, wenn der Junge ein Kreuz schlug, sobald er sie sah. Nach und nach kam sie etwas näher, und mit der Zeit gewöhnte sich der Junge an sie. Er machte sich Gedanken darüber, warum sie immer an einer bestimmten Stelle der Burgmauer stehenblieb und ihn auffordernd anschaute.
Er merkte sich den Ort und untersuchte ihn, sobald er allein war. Da glänzte ihm aus dem alten Laub ein großes Stück Silber entgegen. Es war ein halber Taler aus der Schwedenzeit. Aufgeregt scharrte der Junge Erde und Laub zur Seite und fand noch zwei weitere Taler. Gerade wollte er vor lauter Glück einen Juchzer tun, da stand plötzlich das Fräulein ganz nah vor ihm.
Beschwörend legte es den Zeigefinger auf die Lippen, dann verschwand es. Dem Jungen blieb der alte Segen »Alle guten Geister loben Gott den Herrn!« in der Kehle stecken. Er stand wie versteinert. Eine ganze Weile wagte er nicht, in die Tasche zu greifen, vor lauter Angst, nur schwarze oder gar glühende Kohlen darin zu finden. Als er dann schließlich feststellte, daß die Taler noch vorhanden waren, war er sehr erleichtert. Er stopfte die Geldstücke in seinen Hirtensack und nahm sich vor, sie am Markttag in Freiburg umzuwechseln.
In den nächsten Wochen trieb der Junge seine Herde immer so nah wie möglich an die Burg heran. Aber sooft er auch über seinem Buch zu den Ruinen hinschielte, das Fräulein kam nicht, und die Stelle, wo er die Taler gefunden hatte, war wie ausgelöscht aus seinem Gedächt-

Molzenhof
Kappdobel
Hornhof
Steighof
Kühhof
Seelgut
Hintereschbach
Oberhausenhof
Muckenhof
Schererhof
Schönberg
Waseck
Eschbach
Hugmichelhof
Renzenhof
Lindenberg
Unter-
Obertal
Linden-
berg
Steurental
tal
Grattewald
Galli-
Schwärzlehäusle
Mathislishof
Thomashansenhof
Bankenhof
Unter
Melcherhof
Rechtenbach
Winterkapf
Jägerhof
Saierhäusle
Weiler
Stegen
ibental
Weberdobel
Ki.-Zarten
Unter-
Oberbirken
Zähringerhof
Petershof
Ki.-Burg
Hansjörgenhof
Rombachhof
Tarodunum
(ehem.Kelt.
Siedl.)
Ki.-
Birkenhof
Maierhäuslehof
Kappeneck
Falkenhof
Wieseneck
Schmiedhof
Brissonhof
Rotbach
Kirchzarten
Höfen
Himmelreich
Buchenbach
Eulenwald
Diezen-
Pfaffendobel
Johanniterwald
Birkenreute
Blechschmiede
Zähringerhof
Falkensteig
Rufenhof
Schlempenfeld
Sonneck
31
Falkensteig
Grüne Straße
Engenbach
Schweizerlehof
Weilersbach
Hölle
Schulterdobel
Winterhalterhof
Schulter
Hirschsprung
Oberried
Häusleberg
Höfener Hütte
wald
Winter-Vorlinsbach
berg
Burghardtshof
Bei der
Kehre
Roteck
Zastler
Hinterwaldkopf
Sprengwald
Mederlesberghaus
Bankgallihöhe
Mederleshof

nis. Endlich erschien die Jungfrau wieder und zeigte auf die Stelle. Diesmal fand er dort eine ganze Menge alter Silberstücke. Er griff ordentlich zu und wollte sich gerade noch einmal bücken, da hörte er seinen Hund bellen.
»Wenn der bellt, muß mit der Herde etwas sein«, dachte er, verbeugte sich vor dem Fräulein und rannte zu seinem Vieh. Im Laufen sah er aber noch, wie die Jungfrau wieder den Finger an die Lippen legte, und flüsterte: »Ich weiß schon! Keiner Seele ein Wörtchen!« Die Herde graste friedlich, und der Junge schimpfte mit dem Hund, der scheinbar nur aus Mutwillen angeschlagen hatte.
Mittlerweile besaß der Hütejunge zwölf Schwedentaler. Den anderen Knechten blieb es nicht verborgen, daß er vor Glück strahlte. Besonders der Hausknecht machte sich so seine Gedanken und kam dabei der Wahrheit sehr nahe. Einmal fing er während des Essens an, von dem Burgfräulein und dessen bekannter Freigebigkeit zu erzählen. Ganz nebenbei fragte er den Jungen: »Was ist, hast du sie nie getroffen? Du treibst dich doch immer bei der Burg herum!«
Der Junge schüttelte heftig den Kopf, wurde aber ganz rot. Für den Knecht war die Sache damit klar. Am nächsten Sonntag lockte er den Kleinen in ein Wirtshaus und gab ihm so lange Wein zu trinken, bis er alles ausplauderte. Auch die Stelle, wo vermutlich das Geld gelegen hatte, ließ der Knecht sich genau beschreiben. Dann nahm er dem Jungen die Schwedentaler ab und jagte ihn fort. Schluchzend kehrte der Hütejunge auf den Hof zurück. Am anderen Morgen zog er mit seiner Herde früher als alle anderen Hirten zur Burg hinauf. Er wollte sich bei dem Fräulein für seine Dummheit entschuldigen und es um Verzeihung bitten, weil er den Mund nicht gehalten hatte. Aber er sah es nie wieder.

Der hinterlistige Knecht glaubte zuversichtlich daran, nun bald schwerreich zu sein. Gemeinsam mit zwei anderen Männern untersuchte er das alte Gemäuer. Mit der Wünschelrute stellten sie fest, daß an dem Ort, den der Junge beschrieben hatte, ein großer Schatz liegen mußte. Sie machten so schnell wie möglich die nötigen Vorbereitungen und versteckten ein Gefäß mit Weihwasser und ein Buch mit Zauberformeln hinter einem losen Stein in der Burgmauer. (Diese Gegenstände wurden von den Herren Waibel und Flamm, die diese Sage aufgeschrieben haben, nach eigener Aussage vor fast neunzig Jahren bei einem Besuch der Burg gefunden.)
Nach vierzehntägigem Fasten begannen die Schatzgräber ihr gefährliches Unternehmen. Sie stiegen auf die Anhöhe. Die Wünschelrute schlug wieder an derselben Stelle aus. Nachdem sie die drei vorgeschriebenen Kreise gezogen hatten – in deren Mittelpunkt sich die alte, durch Brand und Zeit gespaltene Burgmauer erhob –, begannen sie die Beschwörungsformeln zu murmeln: Sie sprachen dreimal das Christophelsgebet und den Höllenzwang. Plötzlich fegte ein Windstoß über den Platz. Das Gebüsch hinter ihnen schien lebendig zu werden. Furchtsam und gierig zugleich wandten sie die Köpfe in der Hoffnung, das Burgfräulein mit der Geldkiste zu erblicken.
In diesem Augenblick fiel ihre Laterne um und verlöschte. Sie hörten ein furchtbares Brüllen, ein heißer Atem streifte ihren Nacken, und der Höllenhund stand vor ihnen. Er funkelte sie mit feuersprühenden Augen an, schlug nach ihnen mit zottigen Pfoten und öffnete den stinkenden Rachen, um sie zu verschlingen.
Wie schon so viele Schatzgräber vor ihnen scheiterten auch diese drei Männer am teuflischen Blendwerk. Sie verloren vor Angst den Verstand und stürzten schreiend

aus den Kreisen heraus, die sie zu ihrem Schutz gezogen hatten.

Am folgenden Tag fand man die drei Schatzgräber in den Ruinen der Burg. Zwei von ihnen starben, ohne noch einmal zu sich gekommen zu sein. Der Hausknecht, der das Ganze angezettelt hatte, überlebte, war aber seit dieser Nacht blöde. Wenn er die Burgruine sah, fing er zu zittern und zu schreien an.

Das Burgfräulein von der Wiesneck ist demnach also noch immer unerlöst und hütet seine Schätze. Doch gezeigt hat es sich seitdem nie mehr.

Die Schätze auf der Sausenburg

Ein paar Kilometer nördlich von Kandern im südlichen Schwarzwald liegt in der Nähe des Dorfes Sitzenkirch die Ruine der Sausenburg. Die Burg wurde im 13. Jahrhundert erbaut und 1678 von den Franzosen zerstört. Obwohl sie nie längere Zeit bewohnt war, sondern nur ab und zu einer Jagdgesellschaft als Unterkunft diente, gibt es eine ganze Reihe von Sagen über Schätze, die unter den Ruinen liegen. Die genaue Lage dieser Schätze soll zuweilen durch blaue Lichter angezeigt werden.

Auch von einer weißen Jungfrau mit einem Schlüsselbund, die auf der Sausenburg umgeht, wird erzählt. Nach allem, was über sie zu erfahren ist, muß sie etwas verwirrt sein. Denn einerseits wirft sie mit Schachteln voll Geld um sich, andererseits achtet sie sehr darauf, daß niemand zuviel von den Schätzen bekommt, die sie manchmal, verwandelt in Kohle, Spreu oder bunte Schneckenhäuser, in der Burg herumliegen läßt.

Die Jungfrau soll sehr schön singen und sich manchmal an einem Brunnen unterhalb der Burg waschen und die Haare kämmen. Überhaupt scheinen ihr Sauberkeit und Anstand sehr wichtig zu sein. Einen Mann aus Sitzenkirch, den sie im Burggarten traf, schickte sie mit der Aufforderung nach Hause, sich ordentlich zu frisieren. Jungen aus der Umgebung, die den Burgweg verschmutz-

Die Sausenburg bei Kandern

ten, warf sie ihren Schlüsselbund hinterher, und andere bekamen von unsichtbarer Hand Ohrfeigen, als sie respektlose Reden über die Jungfrau führten.
Mehrere Geschichten bezeugen, daß sich die Jungfrau immer wieder um ihre Erlösung bemüht:
Einem Mann, der eines Nachts an der Burg vorbeifuhr, rief sie dreimal zu: »Komm herauf!« Als er nicht darauf einging, rief sie klagend, daß erst in hundert Jahren wieder ein Mensch geboren werden würde, der sie erlösen könne.
Von einem Kandener Jungen, der bei der Burg Vieh hütete, verlangte sie Brot. Er hatte aber keines bei sich und sagte ihr das. Seine Antwort war nicht die richtige gewesen. Hätte er gesagt: »Helf dir Gott«, so hätte er damit die Jungfrau erlöst.
Einem anderen Burschen bot sie am Karfreitag eine große Schachtel an und sagte zu ihm: »Nimm sie, dann machst du mich und dich glücklich.« Ob der junge Mann nun zu blöde war oder nur zu erschrocken, weiß man nicht. Jedenfalls rannte er davon und ließ die Schachtel stehen. Auch in diesem Fall soll sich die Jungfrau furchtbar beklagt haben, daß sie nun noch lange leiden müsse.
Ein anderes Mal sahen Vorübergehende, wie sie eine Schachtel aus einem der Burgfenster hielt. Als die Leute näher an die Burg herangingen, verschwand die Jungfrau. Anderen dagegen soll sie, wie schon gesagt, Schachteln mit Gold zugeworfen haben, um sie näher zu locken.
Wenn man all diese Geschichten hört, wundert es einen nicht, daß die Jungfrau Schwierigkeiten hat, erlöst zu werden. Weiß doch keiner, was er tun muß, wenn sie erscheint, und wie sie auf das, was er tut, reagieren wird. Den Hirtenjungen, die in der Burg die bunten Schneckenhäuschen fanden und in die Taschen steckten, rief sie zum Beispiel grob zu: »Jagt die Geißen aus dem Hafer!«

Als die Buben daraufhin hinausstürmten, um nach ihren Ziegen zu sehen, lagen die friedlich im Gras. Weit und breit war niemand, der gerufen haben könnte. Erst zu Hause entdeckten die Jungen, daß sich all die Schneckenhäuschen in Gold verwandelt hatten. Natürlich liefen sie sofort wieder zur Burg zurück, um weitere zu holen. Aber sie fanden keine mehr.

In einer der Sagen um die weiße Frau auf der Sausenburg wird eine Begebenheit erzählt, die der Grund dafür sein könnte, warum die Jungfrau solch eine Vorliebe für Schachteln hat.

Um das Jahr 1750 soll im Wirtshaus »Zum Engel« in Sitzenkirch ein Herr aus Basel mit seinem erwachsenen Sohn und seiner Tochter abgestiegen sein. Er verlangte, auf die Sausenburg geführt zu werden. Als sie bei der Burgruine angekommen waren, knieten die drei zum Gebet nieder. Dann öffneten sie eine Schachtel, die sie mitgebracht hatten, und ließen daraus ein Eichhörnchen frei. Anschließend kehrten sie in den »Engel« zurück, tranken dort noch eine Flasche Wein und fuhren ab.

Der Vorfall verursachte in der Gegend viel Gerede. Manche glaubten, es sei die weiße Jungfrau gewesen, die der Basler als Eichhörnchen in seiner Gewalt gehabt und dann wieder freigelassen habe. Andere meinten dagegen, er habe nur seinen Hausgeist in ein Eichhörnchen verwandelt und auf die Burg gebannt.

Falls jemand vorhat, auf der Sausenburg Schätze zu suchen, sollte er auch darauf achten, ob sich ein Eichhörnchen auffällig verhält. Vielleicht winkt es heftig mit den Pfoten und verschwindet dann in einem der vielen unterirdischen Gänge, an denen die Gegend reich ist und die sich von Burg zu Burg, von Kloster zu Kloster ziehen.

Über die Schwäbische Alb ins Allgäu

Geh in die Mühle
und leih einen Wagen!

Die verborgenen Schätze auf Hohennagold

Am Rande des östlichen Schwarzwaldes liegt die Stadt Nagold mit der Burgruine Hohennagold, die 1978 für zwei Millionen Mark restauriert wurde.
In einem unterirdischen Raum der Burg soll Graf Gerold, der Schwager Karls des Großen, einen Schatz versteckt haben, bevor er im Auftrag des Kaisers zu einem Feldzug gegen die Awaren aufbrach. Nur die engsten Familienmitglieder wußten von dem Schatz. Sie konnten den versteckten Raum mit einem Schlüssel öffnen, den Gerold ihnen zur Aufbewahrung gegeben hatte. Der Graf kehrte aus Ungarn nicht zurück. Als letztes Mitglied der Familie verwahrte seine Tochter Emma den Schlüssel. Sie soll so sehr an dem Schatz gehangen haben, daß sie dazu verdammt wurde, ihn nach ihrem Tod als weiße Jungfrau zu bewachen. Wer ein bestimmtes blaues Blümchen im Wald findet, für den wird die Jungfrau sichtbar, und er kann sie erlösen. Er bekommt dazu von ihr einen Schlüssel, mit dem der Schatzraum zu öffnen ist.
Bis zu diesem Punkt sollen im Lauf der Jahrhunderte schon mehrere Leute gekommen sein. Sie sahen die Goldklumpen und Silberbarren, die Diamanten und die anderen Kostbarkeiten in dem unterirdischen Keller vor sich liegen. Die Grafentochter, die meistens ein weißes golddurchwirktes Kleid trug, forderte sie auf, von den

Die Hohennagold

Schätzen so viel zu nehmen, wie sie tragen konnten, ermahnte sie aber gleichzeitig, ja das Beste nicht zu vergessen. Daß sie damit das blaue Blümchen meinte und nicht ein besonders kostbares Stück, begriff bis heute keiner. Alle rafften sie Gold zusammen und ließen die Blume liegen. Damit verloren sie nicht nur den Schatz, den sie schon in ihrer Tasche hatten, sondern überließen auch die Jungfrau ihrem Schicksal.

Außerdem gab es eine Menge Leute – und solche gibt es sicher auch heute noch –, die der Ansicht waren, man müsse auch ohne die Hilfe der Jungfrau an den Schatz herankommen.

Vor zweihundert Jahren glaubte man zum Beispiel, der Schatz ließe sich an einem Gründonnerstag heben, wenn

nur die richtigen Zauberformeln in lateinischer Sprache gesprochen würden. Über solch einen Versuch hat eine Frau berichtet, die Ende des 18. Jahrhunderts lange Jahre bei dem Vogt Paul Achasius Daser in Nagold gedient hat. Sie erzählte, man habe ihr oft befohlen, auf der Burg nach dem Schatz zu graben. Die beiden Burgwächter mußten ebenfalls helfen, wenn sie Zeit hatten. Ihr wurde versichert, daß man den Schatz dem Herzog nach Stuttgart schicken wolle. Als alles Graben erfolglos blieb, ließ man einen Geisterbeschwörer kommen, der die Zauberformeln kannte. Am Gründonnerstag sollte er ans Werk gehen.
Dann aber habe, erzählte die Frau, so ein neidischer Teufel die Obrigkeit benachrichtigt. Der Geisterbeschwörer und seine Auftraggeber kamen ins Gefängnis, weil das Schatzgraben auf Hohennagold verboten war. Das ist es heute noch.

Der verborgene Schatz auf der Burg hat die Leute nicht ruhen lassen. Ein Bauer sah einmal im Traum genau die Stelle, an der der Schatz lag, und hörte sogar eine Stimme, die ihn aufforderte, aufzustehen und das Gold zu holen.
»Mach dich auf den Weg«, sagte die Stimme. »Geh in die Mühle und leih dir einen großen Wagen mit vier Pferden davor. Du wirst ihn brauchen, um den Schatz wegzuschaffen.« Der Bauer sprang sofort aus dem warmen Bett und lief durch die eiskalte Nacht zum Müller. Dem schwatzte er mit vielem Zureden und großen Versprechungen das Gespann ab. Als er damit auf den Burgberg kutschiert war, fand er an der ihm im Traum erschienenen Stelle unter Eis und Schnee nur gefrorene Erde.

Der Goldschatz des Grafen Gerold ruht nun schon seit über zwölfhundert Jahren unter der Burg. Es sei denn, man ist bei den Restaurierungsarbeiten auf ihn gestoßen und hat ihn nicht erkannt.

Das verwünschte Edelfräulein im Lemberg

Im Hochberg, der nördlichen Seite des Lembergs, dem höchsten Berg der Schwäbischen Alb, ist bei Gosheim im Landkreis Tuttlingen eine Felsspalte, die das »Jungfrauloch« genannt wird. Sie soll sehr weit in den Berg hineingehen und ihn von oben bis unten teilen.

In dieser Höhle sitzt – durch eine eiserne Tür von der Außenwelt getrennt – seit vielen Jahrhunderten ein junges Edelfräulein auf einer Goldkiste. Vor ihr liegt ein kohlrabenschwarzes Hündchen. Hineingekommen ist das Mädchen in den Berg durch die gedankenlose Verwünschung seiner Mutter. Was beweist, daß auch in früheren Zeiten die Beziehungen zwischen Müttern und Töchtern nicht immer ungetrübt waren.

Die Mutter war zornig geworden, weil das Mädchen beim Kämmen der verfilzten Locken nicht stillhalten wollte, sondern mit seinem Hündchen spielte.

»Säßest du doch im Lemberg mit deinem Hündchen«, rief die Mutter ärgerlich, und schon war es passiert.

Wie jede verzauberte Jungfrau kann auch dieses Mädchen erlöst werden. Ihr Befreier bekommt die Kiste Gold, auf der es sitzt. Geht man während der Adventszeit in die Höhle hinein, so kommt einem das Fräulein sogar entgegen und erklärt, was man zu tun hat, um den Fluch von ihm zu nehmen.

Durch die Sage ist nur ein Erlösungsversuch belegt. Den machte der Löwenwirt aus Deilingen, der ein mutiger Mann war und gerne die Kiste mit dem Gold gehabt hätte. Vor etwa einhundertfünfzig Jahren muß es gewesen sein, da stieg er mit seinem Freund, einem Kapuziner, am ersten Adventssonntag in die Höhle. Das Fräulein kam ihnen entgegen und sagte: »Es ist nicht schwer, mich zu erlösen. Ihr müßt nur an den nächsten drei Adventssonntagen wiederkommen, mich küssen und dabei kein Wort sprechen.«

Der Löwenwirt schaute das hübsche Mädchen an und meinte, daß er diese Aufgabe sicher erfüllen könne.

»So einfach ist es nun auch wieder nicht«, antwortete lächelnd das Fräulein. »Ich werde nicht in dieser Gestalt erscheinen, sondern in schrecklichen Verwandlungen. Vielleicht wird es euch doch schwerfallen, ein Monster zu küssen, ohne euch zu ekeln. Es wäre nicht das erste Mal, daß es jemand versucht und wieder aufgegeben hat.«

»Wir schaffen es schon«, meinte der Löwenwirt, und der Kapuziner nickte dazu.

»Wir werden sehen«, sagte das Fräulein. »Aber erlöst bin ich erst am vierten Adventssonntag. Und dann erst gehört euch die Kiste mit dem Gold.«

Am folgenden Adventssonntag stiegen die beiden Männer wieder in die Höhle. Es war abscheulich. Feurige Drachen, Schlangen und anderes widerliche Gewürm ringelte und wand sich am Boden und sollte geküßt werden. Der Wirt und der Mönch taten tapfer ihre Pflicht und wischten sich nicht einmal den Mund zwischendurch. Am dritten Adventssonntag kamen sie wieder und mußten noch viel ekelhaftere Monster und Ungeheuer küssen. Aber auch diesmal schafften sie es, und aufatmend machten sie sich auf den Rückweg. Da entschlüpfte dem Kapuziner, der

Schwäbische Alb mit dem Lemberg

sich durch geistige Übungen für die schwere Aufgabe gewappnet hatte, ein halblautes erleichtertes Vaterunser.
Was soll man noch viel erzählen. Jeder, der vom Schatzheben etwas versteht, weiß, daß damit alles aus war. Das Edelfräulein sitzt mit seinem schwarzen Hündchen wahrscheinlich noch immer im Lemberg.
Falls irgendwann einmal Geld für eine geologische Untersuchung im Jungfrauloch aufgebracht wird, sollten die Forschungsarbeiten an den vier Adventssonntagen von wortkargen Geologen und Höhlenforschern durchgeführt werden, die sich nicht scheuen, feuriges Gewürm zu küssen. Vielleicht kommen die Aufwendungen dann doppelt und dreifach wieder herein.

Der Schatz in der Zwingenburg bei Billafingen

Etwa zehn Kilometer von Überlingen am Bodensee entfernt liegt Billafingen, ein kleiner Ort, der schon 970 in einer Chronik erwähnt wird. Südöstlich des Dorfes schaut aus einem Bergwald ein runder Hügel hervor, bei dem es sich um einen alten Ringwall handelt. Obwohl an diesem versteckten, kaum besuchten Platz keine auch noch so spärlichen Ruinenreste mehr zu finden sind, heißt der Hügel und auch der Wald, der ihn umgibt, seit uralten Zeiten die Zwingenburg.

Die Sage erzählt, daß hier eine Burg stand, deren Besitzer ein lasterhaftes und ausschweifendes Leben führten. Sie unterdrückten ihre Untergebenen auf niederträchtige Weise, und keine Frau war vor ihnen sicher. Wollte ein Mädchen im Tal heiraten, so wurde es gezwungen, vor seiner Hochzeit vier Wochen auf der Burg zu verbringen.

Der letzte dieser Zwingherren soll es am schlimmsten getrieben haben. Man haßte ihn im ganzen Tal und hätte ihn sicher erschlagen, wenn man ihn nur erwischt hätte. Um seine Feinde zu täuschen, ließ er sein Reitpferd verkehrt beschlagen. Wenn er heimkehrte, sah es so aus, als sei er weggeritten, und wenn er ins Tal ritt, führten seine Spuren zur Burg. Sein größtes Vergnügen hatte er an wüsten Tanzveranstaltungen, zu denen er die Mädchen aus den Dörfern gewaltsam holen ließ.

Es kam, wie es in alten Zeiten bei so einem Lebenswandel kommen mußte. Wieder einmal wurde auf der Burg eine Orgie gefeiert, bei der der Schloßherr mit einem Dienstmädchen schamlose Tänze aufführte. Noch schlimmer aber war, daß das Fest ausgerechnet am Weihnachtstag während des Vormittagsgottesdienstes stattfand. Und so verfinsterte sich bald der Himmel, ein Unwetter zog auf, und ein Blitzschlag traf die Burg. Sie brannte so schnell nieder, daß niemand sich retten konnte.
Heute bedeckt dichter dunkler Tannenwald den ganzen Hügel, der von unzähligen Fuchsgängen durchlöchert ist. Man sagt, daß im Berg tiefe Verliese weit in die Erde hineingehen und daß in diesen unterirdischen Räumen die Schätze der abgebrannten Burg verborgen sind.
Noch im vorigen Jahrhundert sollen Kinder an einem Karfreitag hier nach Geld gesucht und auch welches gefunden haben. Und ein Urahn des benachbarten Hofbauern, wird erzählt, hat einst an dem Platz Goldmünzen gefunden und ist dadurch reich geworden.
Auch von übernatürlichen Erscheinungen wird in den Sagen um die Zwingenburg berichtet.
Einmal sahen Kinder unter einer Tanne einen ganzen Haufen »Zugöhren« liegen, Röhrenknochen von Schafen und Ziegen, mit denen die Zugstränge am Roßkummet befestigt wurden. Sie liefen nach Hause und erzählten ihrem Vater davon. Obwohl dieser sofort auf den Hügel ging, um selbst einen Blick darauf zu werfen, waren die Knochen schon weg. Hätten die Kinder sie gleich mitgenommen, wäre ganz sicher Gold daraus geworden.
Einmal wollen ein paar Jungen ein goldenes Kegelspiel auf der Zwingenburg gefunden und damit gekegelt haben. Plötzlich rollten Kugel und Kegel den Abhang hinunter und waren nicht mehr zu finden.

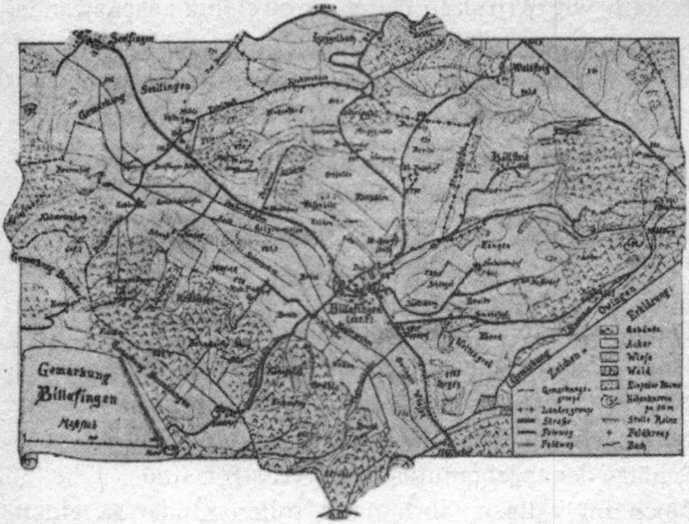

Der Schatz von der Zwingenburg liegt heute sehr tief. Das kommt daher, daß Schatzgräber ihren Mund nicht halten konnten, als sie das Gold bergen wollten. Sie hatten schon eine eiserne Kiste ausgegraben und waren gerade dabei, sie herauszuheben, da sagte einer von ihnen: »Schau, da springt eine Haselmaus herüber!«

Sofort versank die Kiste, und eine Stimme rief: »Der Schatz ist nun so tief herabgesunken, wie das Billafinger Tal tief ist.«

Manchmal zeigt sich am Fuß des Berges auch ein schwarzer Mann. Wer sich von ihm nicht abschrecken läßt und auch nicht von der unheimlichen Tanzmusik, die ab und zu am Weihnachtstag während des Vormittagsgottesdienstes vom Hügel herabklingt, der kann versuchen, den Schatz zu heben. Vielleicht sollte er aber doch vorher nach den Angaben der Stimme berechnen, wie tief der Schatz nun tatsächlich liegt.

Geister und Schatz am Killenweiher

Etwa eine halbe Stunde Fußweg von der 1134 gegründeten Zisterzienserabtei Salem entfernt liegt bei Uhldingen-Mühlhofen am Bodensee der Killenweiher. Auf einer Halbinsel mitten in dem kleinen See steht ein Jägerhaus und dahinter eine winzige Kapelle. Unter dieser Kapelle sind – wie die Sage erzählt – verborgene Räume, in denen in Kriegszeiten die Schätze des Klosters Salem versteckt wurden. Auch in dem Brunnen dort soll in der Tiefe eine Tür sein, durch die man in ein großes unterirdisches Gewölbe kommt.

Dicht am Ufer des Weihers verläuft heute eine gut ausgebaute Straße. Direkt am Wasser hat man einen kleinen Parkplatz angelegt. Trotzdem ist der düstere Moorsee mitten im Wald ein sehr einsamer Ort. Nachts sollte man dort lieber nicht spazierengehen, weil es dort spukt. Da tanzen Lichter über dem Wasser und huschen blitzschnell über die Straße. Besonders schlimm sollen es die Geister in der Sankt-Andreas-Nacht und in der Nikolausnacht treiben. Leute, die um diese Zeit am Killenweiher waren, berichteten von gruseligen Erlebnissen.

Sie erzählen von schwarzen Gestalten, die den Wanderer auf dem Weg um den See begleiten. Von einem Mann ohne Kopf mit einem Stock in der Hand, der ebenfalls wieder

Jägerhaus und Kapelle am Killenweiher

verschwindet, wenn man am Weiher vorbei ist. Und von schweren Lasten, die einem ohne Vorwarnung auf den Rücken gepackt und ebenso plötzlich wieder abgenommen werden.

Letzteres wurde von zwei Reisenden bezeugt, die vor längerer Zeit nachts am Killenweiher vorbei mußten. Einer der Herren sagte, ihn habe etwas Unsichtbares so zu Boden gedrückt, daß er kaum weitergehen konnte. Obwohl er sich drehte und wendete, war es ihm nicht möglich, sich von der Last zu befreien. Erst als ihm sein Begleiter, der ein ganzes Stück vor ihm ging, zurief: »So komm doch endlich! In Gottes Namen, beeil dich!«, fiel die Bürde von ihm ab, und er konnte sich wieder aufrichten.

Auch ein Metzgermeister, der nachts von Überlingen am Killenweiher vorbei nach Buggensegel ging, bekam den Spuk zu spüren. Eine dunkle Gestalt packte ihn und schleuderte ihn ins Wasser. Als er am nächsten Morgen aus seiner Betäubung erwachte, lag er unverletzt am anderen Ufer des Weihers.

Die Geister am Killenweiher haben anscheinend nie jemanden verletzt, aber vielleicht hatten sie bis heute noch keinen Grund, ihre wirkliche Macht zu zeigen.

Daran sollte jeder denken, der sich für diesen Schatz interessiert.

Die Geldkiste im Steinbühl

In der Nähe der ehemaligen Reichsstadt Leutkirch im Allgäu liegt auf einem Hügel, von dem man nach allen Richtungen in das Allgäu und in die Voralpenlandschaft bis hin zum Bodensee schauen kann, der Weiler Luttolsberg. Schon vor dem Dreißigjährigen Krieg soll hier ein Ort mit mindestens zwölf Hofstellen gewesen sein. Er wurde um das Jahr 1635 zerstört, nachdem schwedische Soldaten auf der Erhebung einen Verteidigungswall angelegt hatten.

Der Südhang des Luttolsberges wird Steinbühl genannt. Hier soll ein Schatz liegen, eine große Kiste voller Münzen, die alle sieben Jahre aus der Tiefe an die Oberfläche steigt. Sie »sönnelt« sich oben auf dem Hügel und versinkt dann wieder.

Früher haben die Bauern der umliegenden Ortschaften öfters versucht, die Kiste auszugraben. Heute dagegen scheint niemand mehr zu wissen, wo sie liegt. Denn als Herr Birlinger diese Sage 1870 aufschrieb, waren schon hundert Jahre seit dem letzten Versuch, den Schatz zu heben, vergangen.

Damals taten die Bauern alles, was man tun muß, um so einen Schatz zu bekommen. Sie trafen sich zwischen zwölf und ein Uhr nachts auf dem Steinbühl und gruben, so rasch sie konnten. Bald stießen sie auf eine schwere

Im Steinbühl am Fuß des Luttolsberges

Kiste, auf der die schon aus anderen Sagen bekannte Katze mit den glühenden Augen saß. Die Katze im Steinbühl benutzte allerdings einen ganz besonders gemeinen Trick, um die Schatzhebung zu verhindern. Als die Bauern versuchten, die Kiste herauszuheben, sprang das Tier von einer Ecke auf die andere, so daß die Männer Mühe hatten, den Kasten im Gleichgewicht zu halten. Sie ärgerten sich sehr darüber, verloren aber kein Wort. Denn das wußten alle: Sprachen sie auch nur eine Silbe, so versank der Schatz wieder, und zwar tiefer als zuvor. Sie schafften schweigend und schwitzend weiter und hatten die Kiste fast schon oben, da erschien plötzlich ein steinaltes Weiblein. Es hüpfte und sprang um die Männer herum und kreischte: »Laßt doch das Graben, tut's doch bei Tag!«
Sie hörte und hörte nicht auf mit ihrem ohrenbetäubenden Gezeter. Das ging einem der Schatzgräber so auf die Nerven, daß er nicht mehr ruhig bleiben konnte. Er schrie: »Himmelherrgottsakra, halt endlich dein Maul!«
Im selben Augenblick stürzte die Geldkiste wieder in den Berg zurück und verschwand.
So muß die Kiste immer noch unter dem Steinbühl liegen. Mit Geduld ist es sicher möglich, doch noch an sie heranzukommen. Man muß dazu nur den Steinbühl tagaus, tagein beobachten und darauf warten, daß das Gold wieder einmal emporsteigt und sich sönnelt.

Kreuz und quer durchs nördliche Bayern

Aller Spuk ist nur
Blendwerk des Teufels!

Die Schätze auf dem Hunberg

Zwischen Bad Kissingen und Münnerstadt liegt bei Nüdlingen ein Bergvorsprung, der Hunberg heißt. An dieser Stelle soll 1242 eine Burg errichtet worden sein, die sehr schnell wieder zerstört wurde. Da nur noch die großen Wallgräben zu sehen sind, aber keine Mauerreste mehr, zweifeln viele Leute daran, daß dort tatsächlich eine Burg gestanden hat.
Dabei gibt es eine Sage, nach der Berg und Burg ihren Namen von einem Huhn erhalten haben, das zur Zeit der Entstehung der Burg laut gackernd ein Ei auf den Berg legte. Dieses Huhn soll sich auch heute noch auf dem Hunberg bemerkbar machen: Alle hundert Jahre gackert es dreimal laut. Zum letztenmal war es im Jahr 1742 zu hören gewesen. Aus dem Jahr 1842 konnte Ludwig Bechstein, der diese Sage aufgezeichnet hat, nichts berichten. Das Jahr 1942 fiel in den Krieg, und niemand achtete auf ein gackerndes Huhn. Auf das Jahr 2042 kann man nun gespannt sein.
In den verschütteten Kellern der Hunburg soll viel Gold und auch alter Wein verborgen sein. Jeder, der zum erstenmal auf den Burgberg kommt, kann diesen Schatz heben und dadurch reich werden. Er darf allerdings nicht mit der Absicht dorthin gehen, den Schatz zu finden. Denn dann sieht er die kleine unscheinbare Öffnung nicht,

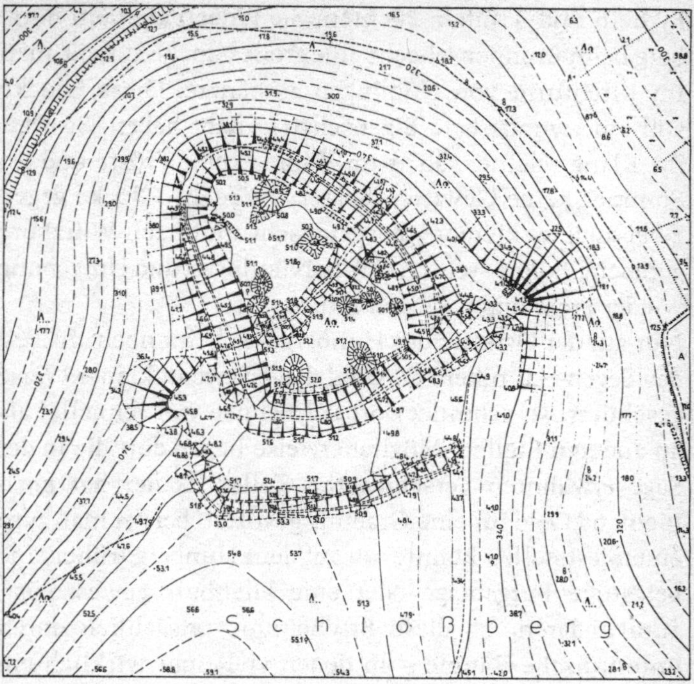

Die Burganlage auf dem Hunberg

hinter der es so tief in die Erde geht, daß man einen Stein, den man in das Loch wirft, nicht aufschlagen hört. Findet man aber die Öffnung und steigt hinab, kommt man in die Keller der Burg und kann die Schätze herausholen.

Anscheinend hat noch niemand diese Öffnung gefunden. Aber man hat immer wieder versucht, die Schätze zu finden. Doch alle Schatzheber wurden durch teuflische Geister verjagt. Eine Zeitlang soll es dann offiziell verboten gewesen sein, auf dem Hunberg nach Schätzen zu graben.

Die einzigen, die bisher einen Schatz auf dem Hunberg gefunden haben, waren ein paar Schweine, die nach

Eicheln und Trüffeln suchten. Sie gruben auf dem Burgberg beim Brunnenschacht eine große Glocke aus, die man im Kirchturm von Nüdlingen aufhängte. Diese Glocke soll eine wunderbare Eigenschaft gehabt haben. So weit ihr Klang reichte, gab es im Winter keine Fröste und im Sommer keine Gewitter. Später wurde die Glocke gegen zwei andere, kleinere, ausgetauscht und nach Würzburg gebracht. Sofort stellten sich in Nüdlingen und Umgebung wieder Frost und Gewitter ein.
Nur auf der Ostseite des Hunberges scheint noch ein Teil des Segens zu ruhen. Obwohl diese Seite in keiner Weise geschützt ist, schmilzt dort der Schnee viel schneller als an anderen Stellen. Möglicherweise liegen dort die in der Sage erwähnten verschütteten Keller. Leider hat noch niemand Geld für eine Grabung gestiftet, bei der man zum einen feststellen könnte, ob auf dem Hunberg früher eine befestigte Burganlage oder eine Fliehburg gewesen ist, zum anderen, ob diese Erscheinung tatsächlich durch unterirdische Räume – in denen vielleicht wirklich ein Schatz liegt – hervorgerufen wird.

Die Geldtruhe im Zabelstein

Am nordwestlichen Rand des Naturparks Steigerwald, südlich von Schweinfurt, liegt bei Altmannsdorf die Ruine Zabelstein. Die im 12. Jahrhundert erbaute Burg brannte 1689 ab.

Auf ihr soll vor langer Zeit ein Ritter gelebt haben, der durch eine ganze Reihe von Unglücksfällen so verarmt war, daß er nicht mehr wußte, von was er leben sollte. Er vergaß sein Elend nur, wenn er in den dichten Eichenwäldern, die um seine Burg wuchsen, auf Jagd ging.

An einem Weihnachtstag drängte es ihn wieder hinaus. Seine Frau bat ihn inständig, doch an diesem Tag zu Hause zu bleiben. Aber er hörte nicht auf sie.

Als der Ritter ziellos und verzweifelt durch den immer dunkler werdenden Wald streifte, kam aus dem Dickicht ein Jäger auf ihn zu und sagte: »Du kannst von mir bekommen, was du willst, wenn du versprichst, mir in zehn Jahren das zu geben, was jetzt noch als Geheimnis auf deiner Burg verborgen ist.«

Der Ritter überlegte nicht lange. Seine Not war so groß, daß er alles versprochen hätte. Mit seinem Blut unterzeichnete er den Vertrag, den der Jäger ihm reichte. Die Taschen voll Geld, ritt er heim. Dort erfuhr er von seiner Frau, daß er dem Fremden sein ungeborenes Kind versprochen hatte.

Als die Frau bei der Geburt des Kindes, eines Mädchens, starb, verlor der Ritter seinen letzten Halt. Er lebte in den Tag hinein und versuchte, den höllischen Pakt zu vergessen. Aber das tat der Teufel nicht. Als die zehn Jahre um waren, kam er und forderte das Kind. Da packte der Ritter das kleine Mädchen und stürzte es von der Burgmauer.
Am Weihnachtstag des darauffolgenden Jahres nahm der Ritter sich selbst das Leben. Er sprang von der Zinne des Wartturms in den Abgrund. Seitdem – so sagen die Leute – rast in jeder Christnacht der Herr vom Zabelstein mit einer Horde Toter durch die Ruinen der Burg und durch den Wald.
Bevor der Ritter sich umbrachte, soll er sein ganzes Geld im Keller der Burg vergraben haben. Deshalb halten sich in der Gegend Gerüchte von einer oder mehreren Geldtruhen, die unter dem Zabelstein verborgen sind. Viele haben schon versucht, sie zu heben. Dazu muß man die in der Sage erwähnte Stelle auf dem Zabelstein finden, die von einem Eisengitter umgeben ist. In dem abgeschlossenen Raum dahinter liegt der versteckte Eingang zu einem Keller. In diesem Keller stehen drei Truhen mit Geld, die von einem Drachen mit armlanger Zunge bewacht werden.
Drei Burschen aus Falkenstein wußten von dem Platz und wollten den Schatz heben. Nachdem sie gebeichtet hatten, stiegen sie auf den Zabelstein und kletterten in den Keller hinab. Unten kam ihnen ein altes Weibchen entgegen, das einen Schlüsselbund trug. Doch nur für einen der drei Burschen war es sichtbar. Die alte Frau blickte die drei Männer stumm an. Als der Bursche, der sie sehen konnte, vor Schreck den Mund nicht aufbekam, machte sie dem Drachen ein Zeichen. Das Untier stürzte sich fauchend auf die Eindringlinge und peitschte sie mit

Burgruine Zabelstein

seiner Zunge zum Keller hinaus. Einen soll es sogar in den Hintern gebissen haben. Die jungen Männer kamen zitternd und zu Tode erschreckt nach Hause und starben bald darauf.

Obwohl man nun wußte, wie gefährlich die Schatzsuche am Zabelstein ist, versuchte es immer wieder jemand. Im Lauf der Jahrhunderte gelang es verschiedenen Leuten auch, die eine oder andere der Geldtruhen auszugraben. Doch der Teufel sorgte jedesmal dafür, daß die Schatzhebung im letzten Augenblick mißglückte.

Einmal erschien er als Bauer mit einer Fuhre Heu und ließ den Wagen vor den Schatzgräbern umkippen. Als diese erschrocken zurücksprangen, schnappte er sich die Truhe und raste davon. Ein andermal provozierte er zwei Schatzgräber, ihr Schweigen zu brechen. Er machte die Truhe immer schwerer, so daß die Männer glaubten, sie würde ihnen wieder aus der Hand gleiten. »Halt doch fest!« rief im vermeintlich letzten Moment der eine dem anderen zu. Sofort lag der Teufel als großer schwarzer Hund auf der Truhe und knurrte die Männer an. Als sie zurückwichen, lösten Truhe und Hund sich in Rauch auf. Einem anderen Schatzgräber gelang es zwar, den Hund von der Truhe zu jagen und sie ein Stück weit wegzuschleppen. Doch dann wurde er mit einem Hieb zu Boden geschleudert und blieb bewußtlos liegen. Als er wieder zu sich kam, war die Truhe verschwunden.

Wer auf dem Zabelstein spazierengehen will, sollte es nicht mittags zwischen elf und zwölf Uhr tun. Zu dieser Zeit geht der verfluchte Ritter dort um. Und alle, die ihn gesehen haben, sind bald darauf gestorben.

Das niesende Weiblein und der Schatz auf dem Bocksberg

Wenn man einer alten Sage Glauben schenken darf, so liegt unter der Müllhalde der Stadt Ansbach ein Schatz. Dort befindet sich nämlich nach Auskunft ortskundiger Ansbacher der Bocksberg. Der Schatz soll unter der Bockswiese vergraben sein, einer langgestreckten Weide auf diesem Hügel, auf die früher das Vieh der umliegenden Dörfer getrieben wurde.

Auf dem Bocksberg ging einst ein altes Weiblein um, das die Leute zum Narren hielt und sie auch angriff. Das bekam auch ein Bauer aus Steinersdorf zu spüren, der nachts, nicht mehr ganz nüchtern, von Ansbach nach Hause wanderte. Als er mitten im Wald auf dem Bocksberg war, nieste jemand neben ihm. Der Bauer sagte mit schwerer Zunge, aber höflich: »Helf Gott!«

Es nieste wieder. Der Bauer sah sich um, und obwohl er niemanden entdecken konnte, sagte er wieder: »Helf Gott!«

Als es aber zum drittenmal nieste, ohne daß jemand zu sehen war, verlor der Mann die Geduld und rief zornig: »Nun, wenn dir Gott nicht helfen kann, so soll dir halt der Teufel helfen!«

Da winselte und plärrte es neben ihm und fuhr ihm mit spitzen Nägeln ins Gesicht, daß er wieder nüchtern wurde und fluchend durch den Wald nach Hause rannte.

Noch übler erging es einem Büttner, der zu Weihnachten auf dem Kreuzweg am Bocksberg den erwähnten Schatz heben wollte. Als es Mitternacht schlug, war auf einmal ein so entsetzliches Sausen, Pfeifen, Brüllen, Knallen und Toben in der Luft, daß er alles hinwarf und schreiend davonlief. Dabei stolperte er und fiel hin. Als er hilflos dalag, hatte er das Gefühl, eine ganze Kolonne von Wagen mit Pferden fahre über seinen Leib. Mühsam raffte er sich wieder auf und erreichte schließlich das Bräuhaus, in dem er arbeitete. Dort warf er sich mit verstörtem Blick auf einen Stuhl hinter dem Ofen. Sein Meister schüttelte ihn erschrocken und fragte, was mit ihm los sei. Der Büttner zitterte und schäumte und war nicht fähig, auch nur ein Wort zu sagen.
Die Leute, die ihn pflegten, erzählten, sein Kopf sei so schwer gewesen, daß ihn sechs Männer nicht heben konnten, und sein geschwollener Leib sei immerzu in die Höhe geschnellt. Die Ärzte und Geistlichen in Ansbach konnten ihm nicht helfen. Erst als ihm der katholische Pfarrer von Elbersroth einige beschriebene Papierstreifen zu essen gab, wurde er – nach einem letzten entsetzlichen Anfall – etwas ruhiger. Der Pfarrer ordnete an, man solle dafür sorgen, daß er sich nicht auf die linke Seite lege, sonst sei er verloren. Der Büttner erholte sich zwar wieder, war aber seit jener Nacht nicht mehr ganz richtig im Kopf.
Wenn man diese Geschichten über den Bocksberg liest, kann man eigentlich froh sein, daß er mitsamt dem niesenden Weiblein und dem Schatz unter der Müllhalde verschwunden ist.

Ansbach: die Reitbahn mit der St. Gumbertuskirche

Die Pelzliesel von Unterdeufstetten

Ein paar Kilometer westlich von Dinkelsbühl liegt die Gemeinde Fichtenau, unter deren Namen eine ganze Reihe von kleineren Orten zusammengefaßt wurde. Einer davon ist das Dorf Unterdeufstetten, in dem ein schönes Schloß steht, das noch vollständig erhalten ist.

In diesem Schloß lebte der Sage nach vor sehr langer Zeit ein adliger Herr, der zwei Töchter hatte. Eines der Mädchen war blind, und das andere hatte eine kleine Marotte: Es trug das ganze Jahr über, im Sommer wie im Winter, ein pelzbesetztes Jäckchen. Die Leute in der Umgebung nannten es deshalb die Pelzliesel.

Als der Vater starb, hinterließ er seinen beiden Töchtern eine Menge Gold, genug für beide. Doch die Pelzliesel dachte anscheinend, wenn sie schon für ihre blinde Schwester sorgen müsse, würde ihr auch mehr Geld zustehen. Sie betrog ihre Schwester beim Teilen des Goldes und gab ihr nur einen Bruchteil von dem, was der anderen zustand. Ganz wohl war ihr nicht dabei, weshalb sie, als das Gold schließlich in zwei ungleichen Haufen vor ihnen lag, ihre Schwester fragte: »Bist du zufrieden mit dem, was ich dir gegeben habe?«

Die Blinde tastete mit den Händen über den immer noch beachtlichen Berg von Goldstücken, der ihr gehören sollte, und nickte zustimmend.

Schloß Deufstetten

Die Pelzliesel atmete erleichtert auf. Sie hätte sich nicht gern wegen des Geldes mit ihrer Schwester gestritten.
Aber die Vergeltung, die in alten Zeiten rücksichtslos und hart zuschlug, ließ nicht lange auf sich warten. Noch am selben Tag wurde die Pelzliesel in einen großen schwarzen Hund mit feurigen Augen verwandelt. In dieser Gestalt muß sie nun auf einer Geldtruhe im Keller des Schlosses sitzen und ihren Schatz hüten. Den goldenen Schlüssel zu der Truhe trägt sie in ihrer Schnauze.
Eine harte Strafe für den Betrug des Mädchens, vor allem weil jede Erlösung der Pelzliesel nur eine Erlösung auf Zeit ist. Wenn eine unbescholtene Jungfrau, ein zwölfjähriges Mädchen oder ein Kind in den Keller hinabgehen und dem Hund den Schlüssel wegnehmen, ist sie frei. Aber nur für zehn bis fünfzehn Jahre, dann wird sie wieder verwandelt.

Seit Hunderten von Jahren läuft sie in stürmischen Nächten auf der Straße herum, die unten am Schloß vorbei den Berg hinaufführt. Auch als schlanke Frau in einem Pelzjäckchen, mit Stöckelschuhen und einem feinen Schleier auf dem Kopf hat man sie schon gesehen. Sie begleitet die Leute bis zu der Tür, durch die man von der Straße in den Schloßkeller kommt. Manchmal erscheint sie auch in beiden Gestalten gleichzeitig: als Dame und als Hund.

Die Leute mögen die Pelzliesel und sagen, daß es Glück bringt, wenn man sie trifft. Wie man die arme Verdammte endgültig erlösen kann, wird in der Sage nicht erwähnt. Es wird nur ausdrücklich davor gewarnt, sie anzusprechen. Vielleicht sollte man dieses Verbot ignorieren und sie einfach danach fragen, wie man den Fluch von ihr nehmen kann.

Der Schatz auf dem Hohen Bogen

Nicht weit von der tschechischen Grenze in der Nähe von Neukirchen bei Heilig Blut im Bayerischen Wald erhebt sich der Hohe Bogen. Einer seiner drei Gipfel wird Burgstall genannt. Dort befinden sich – heute neben einer Sendestation – die Reste einer vorgeschichtlichen Befestigungsanlage. In ihr hat eine Burg gestanden, deren Bau nie vollendet wurde. Im 12. Jahrhundert hatte der Graf von Bogen sie errichten wollen, aber ehe die Burg fertig war, wurde er verbannt und kam ums Leben.
Es ist gar nicht unwahrscheinlich, daß der Graf vor seiner Verbannung seine Schätze im Berg vergraben hat. Der Sage nach soll es sich dabei um einen kupfernen Kessel voll Gold handeln. Nur alle hundert Jahre wird ein Mensch geboren, der diesen Schatz unter gewissen Bedingungen heben kann. Der letzte, von dem erzählt wird, daß er die nötigen Voraussetzungen dafür hatte, war ein Hirte aus Schwarzenberg.
Dieser Hirte hütete eines Tages seine Herde am Fuß des Burgstallkegels. Am Abend vermißte er ein junges Rind. Er suchte nach ihm und hörte es plötzlich hoch oben im Wald brüllen. Er murmelte: »Daß dich der ...«, und stieg zum Burgstall hinauf, um das Tier zu holen. Fast war er schon auf dem Gipfel, als ihm eine sehr schöne, fremdartig gekleidete junge Frau entgegenkam. Sie sagte zu ihm: »Du

bist zur richtigen Stunde hier. Denn ich kann dir sagen, wie du den Schatz, der unter unseren Füßen liegt, heben kannst.«

Dem Hirten war zuerst etwas unheimlich zumute, doch er faßte sich schnell und antwortete: »Wenn du sicher bist, daß ich der Richtige bin, werde ich es versuchen. Was muß ich tun?«

Diese Antwort freute die junge Frau. Sie sagte: »Komm in acht Tagen um Mitternacht wieder hierher. Bring zwei Priester mit, die die Bannformeln kennen. Das Gold wird in dieser Nacht offen auf dem Gipfel des Berges liegen und hell leuchten. Geht nur gerade darauf zu und laßt euch durch nichts abhalten. Was euch auch erschreckt, ihr braucht es nicht zu fürchten. Denkt daran, aller Spuk ist nur Blendwerk des Teufels. Wenn du das Geld berühren kannst, greife mit beiden Händen hinein. Dann gehört es dir, und aller Schrecken wird vorüber sein. Laßt ihr euch aber vom Teufel einschüchtern und flieht, müssen wieder hundert Jahre vergehen, bis der Schatz gehoben und ich erlöst werden kann. Hundert Jahre sind eine lange Zeit, wenn man warten muß.«

Die letzten Worte sagte die Dame so traurig, daß der Hirte ihr eilig versicherte, er würde alles daransetzen, ihr zu helfen. Da löste sie sich in einen feinen Nebel auf, den der Abendwind über die Gipfel des Burgstalls davontrieb. Aus dem Gebüsch, vor dem sie gestanden hatte, kam das Rind hervor und folgte dem Hirten bereitwillig zum Weideplatz.

Am nächsten Tag ging der Hirte nach Neukirchen ins Kloster der Franziskaner und erzählte den Mönchen sein seltsames Erlebnis. Die Brüder versammelten sich sofort und diskutierten die Sache. Sie entschieden einstimmig, daß in diesem Fall, wo es um die Erlösung einer armen

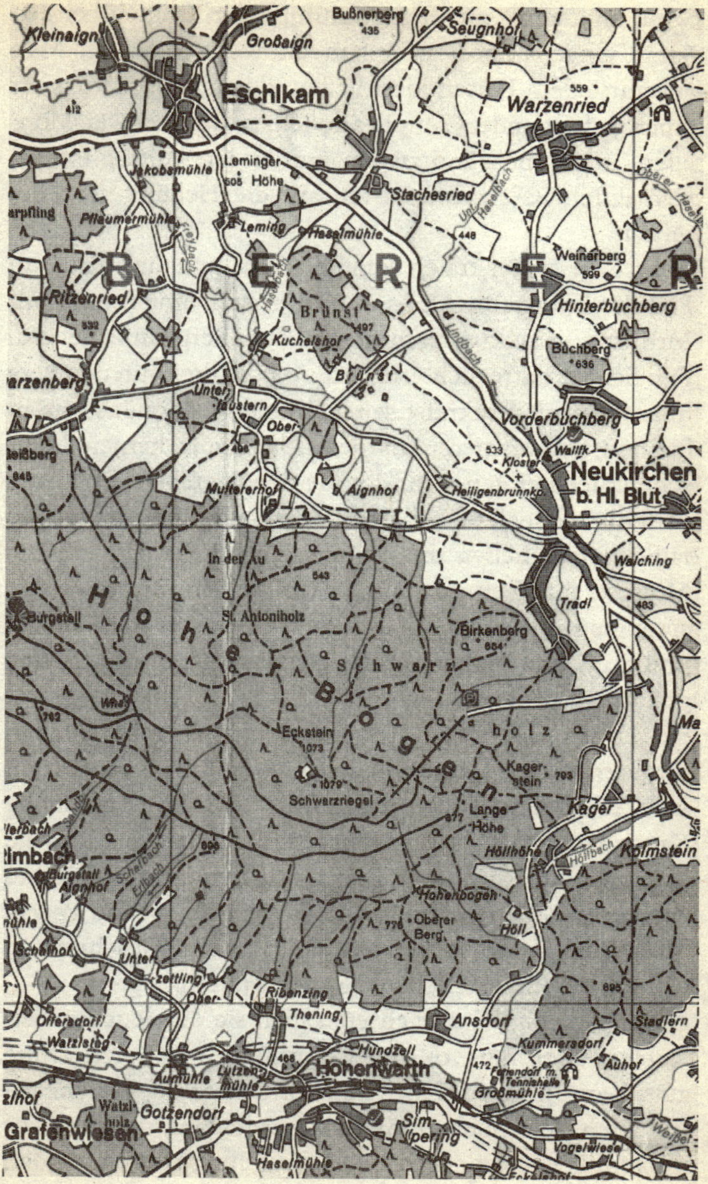
Kleinaign
Bußnerberg
435
Großaign
Seugnhof
Eschlkam
559
Warzenried
412
Jakobsmühle
Leminger
505 Höhe
Stachesried
Pflaumermühle
Leming
Haselmühle
448
Weinerberg
599
B E R E R
Ritzenried
Brünst
497
Hinterbuchberg
Kuchelshof
Buchberg
636
Brünst
Unter-
faustern
Ober-
Vorderbuchberg
496
533
Kloster
Wallfk.
Neukirchen
b. Hl. Blut
Multererhof
b. Aignhof
Heiligenbrunnkp.
In der Au
Walching
543
Tradl
483
Burgstall
St. Antoniholz
Birkenberg
654
S c h w a r z
h o l z
762
Eckstein
1073
Kager-
stein
793
1079
Schwarzriegel
Kager
Lange
Höhe
Höllhöhe
Kolmstein
Burgstall
Aignhof
Hohenbogen
Oberer
Berg
Höll
Unter-
zettling
Ober-
Ribenzing
Thening
Ansdorf
Stadlern
Watzlsteg
Hundzell
Kummersdorf
Aumühle
Lutzen-
mühle
Hohenwarth
Auhof
Großmühle
Gotzendorf
Grafenwiesen
Sim-
pering
Vogelwiese
Haselmühle

Seele und damit um einen Triumph der Kirche über den Satan ginge, unbedingt gehandelt werden müsse. Man gewährte dem Hirten kirchlichen Beistand, forderte aber einen gebührenden Anteil am Schatz dafür. Zwei Mönchen, erfahrenen Exorzisten, wurde der Auftrag erteilt, sich durch Beten und Fasten auf die Hebung vorzubereiten.

Acht Tage später trafen sich der Hirte und die Patres am Fuß des Burgstalls. Als es in Neukirchen eine Stunde vor Mitternacht schlug, flammte auf dem Berg ein Feuer auf. Der Schatz hatte sich erhoben. Als die drei nun den Berg hinaufstiegen, umkreisten Eulen und Fledermäuse sie in dichten Schwärmen. Aus dem Unterholz kamen Menschenknochen geflogen, die die Schatzgräber nur knapp verfehlten. Doch obwohl ihnen die Schädel direkt vor die Füße fielen, ließen die Männer sich nicht beirren. Die Mönche sprachen mit lauter Stimme ihre Bannformeln, sprengten mit geübten Händen Weihwasser nach rechts und links und hielten im übrigen die Augen auf den Weg gerichtet.

Sie hatten die halbe Anhöhe schon erreicht, als ein fürchterliches Unwetter losbrach. Ein Blitz zischte in den anderen, und die Bäche traten über die Ufer. Mannshohe Fluten wälzten sich ihnen entgegen, und bald standen sie bis zum Hals im Wasser. Erst als sie bemerkten, daß ihre Kleidung völlig trocken blieb, überwanden sie die Todesfurcht und gingen weiter, begleitet von dem Geschrei und Geheul der fürchterlichsten Spukgestalten.

Als sie den Gipfel erreichten, sahen sie den leuchtenden Kupferkessel, randvoll mit Goldmünzen, vor sich. Ohne zu zögern, ging der Hirte auf den Schatz zu, um ihn zu berühren. Nur noch ein paar Meter fehlten, da rollte vor ihm ein Felsblock zur Seite, und aus einer Höhlung kroch ein riesiger, abscheulicher Drache. Er ringelte sich dreimal um den Burgwall mit dem Goldkessel und starrte die Schatzgräber aus lidlosen Reptilienaugen an. Das war zuviel für die beiden Mönche. Sie ließen die Weihwasserkessel fallen, rafften ihre Kutten und rannten den Berg wieder hinunter, so schnell, daß ihnen die Steine um die nackten Beine flogen. Der Hirte schrie ihnen nach, daß der Drache doch sicher auch nur Blendwerk sei. Die beiden Patres hörten nichts mehr. Schließlich folgte ihnen der Hirte langsam und widerwillig. Ohne ihre Hilfe konnte er den Schatz nicht heben. Auch die Jungfrau beschwor mit flehender Stimme die Mönche, doch zurückzukommen. Aber es war bereits zu spät. Der Gipfel des Berges spaltete sich, und der Schatzkessel verschwand in dem Riß für weitere hundert Jahre.

Niemand weiß, wann diese hundert Jahre vorüber sein werden. Hoffentlich fällt der Jungfrau zu gegebener Zeit wieder etwas ein, um auf sich und den Schatz aufmerksam zu machen.

Literatur zum Thema

Auerbacher: Ein Volksbüchlein, enthaltend: die Geschichte des ewigen Juden, die Abenteuer der 7 Schwaben, nebst vielen andern ergötzlichen Historien. München ²1832

Baader, Bernhard: Neugesammelte Volkssagen aus dem Lande Baden und den angrenzenden Gegenden. Karlsruhe 1859

Baader, Bernhard: Volkssagen aus dem Lande Baden und den angrenzenden Gegenden. Karlsruhe 1851

Bechstein, Ludwig: Deutsches Sagenbuch. Herausgegeben von Karl Martin Schiller. Meersburg/Leipzig 1930

Becker, Adolf: Aus Nassaus Sagenschatz. Sagensammlung aus dem Regierungsbezirk Wiesbaden. Idstein 1910, ²1922

Beneke, Otto: Hamburgische Geschichten. I. Sammlung: Hamburgische Geschichten und Sagen. Stuttgart ⁵1903

Bindewald, Theodor: Oberhessisches Sagenbuch. Aus dem Volksmunde gesammelt. Frankfurt a. M. 1873

Bremer Sagen. Herausgegeben von Will-Erich Peuckert. Göttingen 1961

Colshorn, Carl und Theodor: Märchen und Sagen. Hannover 1854

Diplich, Hans / Karasek, Alfred: Donauschwäbische Sagen, Märchen und Legenden. München 1952

Eisel, Robert: Sagenbuch des Voigtlandes. Gera 1871

Fränkische Sagen, vom 15. Jahrhundert bis zum Ende des 18. Jahrhunderts, herausgegeben von Josef Dünninger. Kulmbach 1964

Fritz, Otto: Badische Sagen. Nach alten Aufzeichnungen, Sammlungen und eigenen Berichten frei erzählt. Leipzig o. J. [1929]

Graesse, Johann Georg Theodor: Sagenbuch des preußischen Staats. 2 Bände. Glogau 1866/70

Grannas, Gustav: Volk aus dem Ordenslande Preußen erzählt Sagen, Märchen und Schwänke. Marburg a. d. Lahn 1960

Grimm, Jacob und Wilhelm: Deutsche Sagen. 2 Bände. Berlin 1865/66

Grüner, Gustav: Waldeckische Volkserzählungen. Arolsen 1963 / Marburg a. d. Lahn 1964

Handbuch der deutschen Volkskunde. Herausgegeben von Wilhelm Peßler. 3 Bände. Potsdam 1934/38

Handwörterbuch der Sage. Namens des Verbandes der Vereine für Volkskunde herausgegeben von Will-Erich Peuckert. 3 Lieferungen. Göttingen 1961/63

Handwörterbuch des deutschen Aberglaubens. Herausgegeben unter besonderer Mitwirkung von Eduard Hoffmann-Krayer unter Mitarbeit zahlreicher Fachgenossen von Hans Bächtold-Stäubli. Berlin 1929/42

Harrys, Herrmann: Sagen, Märchen und Legenden Niedersachsens. Celle 1840

Hebel, Friedrich Wilhelm: Pfälzische Sagen. Neue Folge. Kaiserslautern 1930

Hebel, Friedrich Wilhelm: Pfälzisches Sagenbuch. Kaiserslautern 1912

Henne-Am Rhyn, Otto: Die deutsche Volkssage im Verhältniß zu den Mythen aller Zeiten und Völker, mit über 1000 eingeschalteten Original-Sagen. Wien ²1879

Henninger, Alois: Nassau in seinen Sagen, Geschichten und Liedern fremder und eigner Dichtung. 3 Bände. Wiesbaden 1845

Henssen, Gottfried: Rheinische Volksüberlieferung in Sage, Märchen und Schwank. Düsseldorf o. J. [1934]

Henssen, Gottfried: Volk erzählt. Münsterländische Sagen, Märchen und Schwänke. Münster 1954

Hessel, Karl: Sagen und Geschichten des Moselthals. Bad Kreuznach 1896

Hessel, Karl: Sagen und Geschichten des Rheintals von Mainz bis Köln. Bonn 1904

Hoffmann, Heinrich: Sagen, Märchen und Schwänke des Jülicher Landes. Aus dem Nachlaß Heinrich Hoffmanns herausgegeben und durch eigene Aufzeichnungen vermehrt von Gottfried Henssen. Bonn 1955

Klarmann, Johann Ludwig / Spiegel, Karl: Sagen und Skizzen aus dem Steigerwald. Würzburg 1912

Künzig, Johannes: Schwarzwald Sagen. Jena 1930

Kuhn, Adalbert: Sagen, Gebräuche und Märchen aus Westfalen und einigen andern, besonders den angrenzenden Gegenden Norddeutschlands. 2 Teile. Leipzig 1859

Kuhn, Adalbert / Schwartz, W.: Norddeutsche Sagen, Märchen und Gebräuche aus Mecklenburg, Pommern, der Mark, Sachsen, Thüringen, Braunschweig, Hannover, Oldenburg und Westfalen. Aus dem Munde des Volkes gesammelt. Leipzig 1848

Lachmann, Theodor: Überlinger Sagen, Bräuche und Sitten mit geschichtlichen Erläuterungen. Ein Beitrag zur Volkskunde der badischen Seegegend. Konstanz 1909

Leyen, Friedrich von der: Deutsches Sagenbuch. In Verbindung mit Friedrich Ranke und Karl Wehrhahn herausgegeben. 4 Teile. München 1919/24

Lohmeyer, Karl: Die Sagen des Saarbrücker und Birkenfelder Landes. Saarbrücken 1920

Lübbing, Hermann: Friesische Sagen. Von Texel bis Sylt. Jena 1928

Meiche, Alfred: Sagenbuch des Königreiches Sachsen. Leipzig 1903

Meier, Ernst: Deutsche Sagen, Sitten und Gebräuche aus Schwaben. 2 Theile. Stuttgart 1852

Müllenhoff, Karl: Sagen, Märchen und Lieder der Herzogtümer Schleswig, Holstein und Lauenburg. Schleswig 1921

Neckel, Gustav: Vermischte Sagen. Leipzig 1936

Paetow, Karl: Die schönsten Wesersagen. Das sind Sagen, Legenden, Begebnisse, Historien, Lügenmärchen und Nachrichten von Zauberbergen, Ritterburgen, alten Städten, Steinen, Brunnen, Heiligen, Hexen, weisen Frauen, Riesen, Zwergen, Spukedingen sowie verwegenen und absonderlichen Käuzen. Nach den Überlieferungen aus schriftlichen und mündlichen Quellen zusammengetragen, nach Sagenkreisen geordnet und völlig neu erzählt. Hannover 1961

Peuckert, Will-Erich: Hochwies. Sagen, Schwänke und Märchen mit Beiträgen von Alfred Karasek. Göttingen 1959

Peuckert, Will-Erich: Verborgenes Niedersachsen. Untersuchungen zur niedersächsischen Volkssage und zum Volksbuch. Göttingen 1960

Pröhle, Heinrich: Harzsagen. Gesammelt auf dem Oberharz und in der übrigen Gegend von Harzeburg und Goslar bis zur Grafschaft Hohenstein und bis Nordhausen. Herausgegeben, ergänzt und erörtert von Will-Erich Peuckert. Göttingen 1957

Ranke, Friedrich: Volkssage. Leipzig 1934

Reiser, Karl August: Sagen, Gebräuche und Sprichwörter des Allgäus. Aus dem Munde des Volkes gesammelt. 2 Bände. Kempten 1895/98

Röhrich, Lutz: Sage. Stuttgart 1966

Die Sagen des Ländleins Dreieich (Heinz Lenhardt). Langen 1932

Der Sagenschatz des Frankenlandes, herausgegeben von Ludwig Bechstein. 1. Teil. Würzburg 1842

Sagen und Legenden um das Werdenfelser Land. Mit Anhang der Sagen und Legenden von Weilheim gesammelt und neu erzählt von Gisela Schinzel-Penth. Friedring 1978

Sagen und Schwänke vom Bodensee. Gesammelt und neugestaltet von Bernhard Möking. Konstanz 1964

Schambach, Georg / Müller, Wilhelm: Niedersächsische Sagen und Märchen. Aus dem Munde des Volkes gesammelt und mit Anmerkungen herausgegeben. Göttingen 1855

Schell, Otto: Bergische Sagen. Elberfeld ²1922

Schell, Otto: Sagen des Rheinlandes. Leipzig 1922

Schönhuth, Ottmar Fr. H.: Seerosen. Sammlung von Liedern, Sagen und Geschichten des Bodensees und seiner Umgebung. Konstanz 1853

Schwäbische Volkssagen. Vom Schwarzwald zum Allgäu, vom Taubergrund zum Bodensee. Ausgewählt und herausgegeben von Friedrich Heinz Schmidt-Ebhausen. Stuttgart 1966

Sieber, Friedrich: Harzland-Sagen. Jena 1928

Simrock, Karl: Handbuch der deutschen Mythologie mit Einschluß der nordischen. Bonn ²1864

Stöber, August: Oberrheinisches Sagenbuch. Straßburg 1842

Strackerjan, L.: Aberglaube und Sagen aus dem Herzogthum Oldenburg. 2 Bände. Oldenburg 1868

Straub, Wilhelm: Sagen des Schwarzwaldes. Bühl 1956

Stritzke, Karl: Es war einmal. Nürnberger Sagen und Geschichten. Nürnberg 1951

Trog, C.: Rheinlands Wunderhorn. Sagen, Geschichten und Legenden, auch Ränke und Schwänke aus den alten Ritterburgen, Klöstern und Städten der Rheinufer und des Rheingebietes, von den Quellen bis zur Mündung des Stromes. 14 Bände. Essen 1882/84

Volksthümliches aus Schwaben. Herausgegeben von Anton Birlinger. 2 Bände. Freiburg i. Br. 1861/62

Wagenfeld, Friedrich: Bremens Volkssagen. 8 Hefte. Bremen 1844/45

Wehrhan, Karl: Sagen aus Hessen und Nassau. Leipzig 1922

Winter, Leo: Die deutsche Schatzsage. Wattenscheid 1925

Wohltmann, Hans: Sagen aus dem Lande zwischen Niederelbe und Niederweser. Gesammelt und bearbeitet unter Mitarbeit von A. Gerken und G. Brinke. Band 1, Stade 1959

Wolf, Johann Wilhelm: Hessische Sagen. Göttingen 1853

Bildnachweis

S. 27: Magistrat der Stadt Schleswig, Foto: Theo Christiansen; S. 39, 41: Viktor Rihsé, Stade; S. 51: Armin Mandel, Wunstorf; S. 54: Stadt Hessisch Oldendorf, Sammlung Heimatbund; S. 61: AEM-Studio Alfred Müller, Salzgitter; S. 65: Verkehrsamt Dassel, Foto: H. Hüpeden; S. 73: Bildarchiv Foto Marburg, Marburg; S. 79, 131, 138, 151: M. Jeiter, Aachen; S. 89: Kreisbildstelle Göttingen; freigegeben durch den Präsidenten des Niedersächsischen Verwaltungsbezirks Braunschweig am 14. 5. 1973, Nr. Brg. 5555/955; S. 95: Otto von Boyneburgk, Sontra; S. 100: Luftbild Klammet & Aberl, Germering; freigegeben durch die Regierung von Oberbayern Nr. G 42/1266; S. 109: Foto-Studio-Böcher, Inh. G. Halbich, Grünberg; S. 113: Museum und Archiv der Stadt Weilburg; S. 127, 189: Europa-Farbbildarchiv Joachim Kinkelin, Worms, Foto: P. Klaes; S. 142: Gerd Hilgers, Vettweiß; S. 157: Hans-Geo Donsbach, Maxdorf; S. 164: Waltraud Leppla, Kaiserslautern; S. 170, 179, 184: Robert Häusser, Mannheim; S. 175: Alf Rapp, Niederhorbach; S. 196: Bote vom Unter-Main, Miltenberg; S. 214: W. Feldmann, Horb; S. 218: Peter Kiefer, Durbach; S. 227, 237: Leif Geiges, Staufen; S. 243: Luftbild Albrecht Brugger, Stuttgart; freigegeben vom Reg. Präsidium Stuttgart Nr. 2/45348; S. 247: Ernst Revellio, Villingen; S. 252: Siegfried Lauterwasser, Überlingen; S. 255: Achim Guthmann, Kisslegg-Brunnen; S. 263: Longin Mößlein, Donnersdorf; S. 267: Toni Schneiders, Lindau; S. 269: Alban Baumhartner, Dinkelsbühl.

Der Abdruck des Karten- und Skizzenmaterials erfolgte mit freundlicher Genehmigung von:
S. 31: Mairs Geographischer Verlag, Ostfildern; S. 36: Karl Wachholtz Verlag, Neumünster; aus: Paul Sieck, Neumünster, Stadt ältester Traditionen. 1966, S. 56; S. 45: Niedersächsisches Staatsarchiv Osnabrück, Bibl. Nr. OsA/Fol. 2325, 2 Bd. 1; aus: »Mappe der Wulfter Burgfreyheit«, Wien 1763; S. 57, 69, 83, 104, 117, 123, 135, 145, 154, 161, 167, 193, 201, 207, 232, 273: Städte-Verlag E. v. Wagner & J. Mitterhuber, Stuttgart; Ausschnitte aus den mehrfarbigen Kreis- und Freizeitkarten Hameln-Pyrmont, Northeim, Osterode, Vogelsbergkreis, Limburg-Weilburg, Siegen, Neuwied, Daun, Bad Kreuznach, Kusel, Pirmasens, Aschaffenburg, Miltenberg, Karlsruhe, Breisgau-Hochschwarzwald, Cham; S. 223: Gerhart Seeger, Ing.-Büro für Kartographie, Freiburg; Wanderkarte Wolfach/Oberwolfach; S. 259: Denkmalsamt Würzburg, TOP 1800 Hunberg, TK 5726 NW C 44, 1981.

Knaur

Der zweite Sieg
Ein Roman über die ersten verworrenen Nachkriegsjahre in Österreich.
238 S. [671]

Der Turm von Babel
Ein großer zeitgeschichtlicher Roman zum israelisch-arabischen Konflikt.
320 S. [246]

Des Teufels Advokat
Rätsel um einen geheimnisvollen Toten. 279 S. [44]

Tochter des Schweigens
Die unerhörten Verwicklungen um einen Mordprozeß in der Toskana.
208 S. [117]

Proteus
Die Geschichte eines Mannes, der die ganze Welt herausfordert! 272 S. [716]

In einer Welt von Glas
»So präzise, so glaubhaft, so klischeefern und subtil in der Entwicklung seiner Charaktere, war West noch nie«, schrieb der Journalist Peter Zeindler über diesen

– seiner Meinung nach besten – Roman von Morris L. West. 448 S. [1366]

Nacktes Land
Die Stunde des Fremden
Die Konkubine
Die drei beliebtesten Romane von Morris L. West in einem Band.
480 S. [1331]

Morris L. West